Das Chaco Familienkochbuch

Gesammelte Rezepte
von
Brenda Sawatzky und Carola Esau

Rosenort, Fernheim (Paraguay)
April 2015

Bibliografische Information der Deutschen Nationalbibliothek:
Die Deutsche Nationalbibliothek verzeichnet diese Publikation in der Deutschen Nationalbibliografie; detaillierte bibliografische Daten sind im Internet über http://dnb.dnb.de abrufbar.

Umschlaggestaltung und Fotos: Brenda Sawatzky und Carola Esau
Lektorat: Kerstin Teicher
Herstellung und Verlag: BoD – Books on Demand, Norderstedt
ISBN: 9783734782619

1. Auflage: Juli 2010
2. Auflage September 2010
3. Auflage: Januar 2011
4. Auflage: April 2015
1., 2., und 3. Auflage: Grafil SRL, Filadelfia, Paraguay

Inhaltsverzeichnis

Vorwort

Brenda und Carola lernte ich durch Zufall beim Schreiben meines eigenen Kochbuches über Paraguay kennen. Da ihr Kochbuch mennonitische Rezepte beinhaltet und sich mit meinem gut ergänzte, bat ich die beiden spontan um einige Rezepte für mein Buch – gesagt, getan. Nachdem das Buch erschienen war, brachte ich den beiden das frisch gedruckte Buch vorbei – in den paraguayischen Chaco nach Filadelfia, rund 400 Kilometer von Asunción entfernt. Sofort haben wir uns trotz unseres sehr unterschiedlichen Hintergrundes sehr gut verstanden, und die beiden haben mich auch zu sich nach Hause eingeladen. Bei Brenda und ihrem Mann Marvin habe ich ein tolles paraguayisch-mennonitisches Asado (Barbecue) erleben dürfen – und natürlich haben sie Gerichte aus sowohl ihrem als auch meinem Kochbuch dafür zubereitet! Dabei haben wir uns über viele Dinge unterhalten – und auch darüber, dass sie ein so interessantes Kochbuch ja selbst geschrieben haben, das jedoch leider nur vor Ort im Chaco erhältlich ist. Nur selten veröffentlichen paraguayische Autoren ihre Bücher mit ISBN-Nummer und so, dass man die Bücher auch international kaufen kann. Brendas Hinweis in ihrem Blog (http://thechacogirl.blogspot.de/2010/07/neues-rezeptbuch-im-chaco-paraguay.html) „Das Rezeptbuch ist im Buchhandel Filadelfia … für den Preis von 40.000.- Gs erhältlich" hatte mich schon beim Schreiben meines Kochbuches aufmerksam gemacht… wie sollte ein interessierter Leser beispielsweise in Deutschland oder Österreich denn an das Buch kommen? Nur deswegen nach Paraguay zu fliegen und dann in den Chaco zu fahren ist wohl für den eingefleischtesten Kochfan doch etwas zu viel verlangt. Daher erzählte ich ihr von der relativ neuen Möglichkeit für Autoren, ein Buch mittels Self-Publishing und als Print on Demand zu veröffentlichen, da es auch die Kosten und das Risiko für Autoren minimiert. Brenda und Carola waren dieser Idee sehr aufgeschlossen – und nun liegt es vor!

Ich habe mich sehr gefreut, dass die beiden mich gebeten haben, ein Vorwort zu schreiben und auch ihre Formulierungen auf Deutsch einmal durchzusehen. Das mennonitische Deutsch unterscheidet sich vom gängigen Hochdeutsch doch deutlich. In Filadelfia und den umliegenden Dörfern leben seit den 1930er Jahren rund 3.000 Mennoniten, die deutsch reden. Die eigentliche Muttersprache der Mennoniten in Filadelfia ist nach wie vor Plattdeutsch, aber für Besucher reden sie natürlich auf Spanisch oder Hochdeutsch. Durch die lange Zeit in Paraguay haben sich auch viele spanische Begriffe in ihre Alltagssprache eingeschlichen, und manchmal muten Ausdrücke und Formulierungen etwas „altmodisch" an – kein Wunder bei fast 100 Jahren, in denen sie ihr Deutsch vor allem in ihren eigenen Kolonien in einem südamerikanischen Land so weit weg von Europa gesprochen haben!

Die Abstimmung mit Brenda und Carola funktionierte trotz der Entfernung zwischen Asunción und Filadelfia wunderbar – sobald ich eine verzweifelte Mail a la „was ist denn bitte „mittlere Backhitze", „Weinstein", „gelbe Rüben" oder „Crema Tartara"?", kam kurze Zeit später die Erklärung. Viele Begriffe sind heute nicht mehr so üblich bzw. da in Paraguay oft mit Gas oder noch mit Holz gekocht und gebacken wird, fehlen Gradangaben, die wir in Deutschland von Elektroherden so gewöhnt sind. Auch die Mengenangaben in „Tassen" oder ähnlichem (von den beiden Autorinnen im Abkürzungsverzeichnis in Gramm für internationale Leser umgerechnet!) sind gewöhnungsbedürftig, machen jedoch für mich auch den Charme dieses Buches aus.
Bei den Korrekturen für diese neue Auflage habe ich mich daher bemüht, das Deutsch in ein gut verständliches Deutsch zu bringen, gleichzeitig aber diesen besonderen Charme und die Charakteristika so weit wie möglich zu erhalten. Nicht zuletzt aus diesem Grund ist den Rezepten eine Erklärung mennonitischer Begriffe vorangestellt und auch ein Abkürzungs- und Erklärungsverzeichnis am Ende des Buches angefügt.

Kerstin Teicher, Asunción im April 2015

Erklärung der mennonitischen Begriffe

Asado	Grillen
Frierer	Gefrierschrank
Gloms	Quark (Aus dem Plattdeutschen)
Kafir	Getreideart, die viel im paraguayischen Chaco gepflanzt wird. Auf Deutsch „Sorghumhirse", kann in den Rezepten auch durch Roggen ersetzt werden
Kielke	Nudeln(Aus dem Plattdeutschen: Kjielkje)
Koke	Kekse oder kleine Kuchen.(Aus dem Plattdeutschen) In diesem Fall: Gloms Koke= Quarkküchlein
Maizena	Mais-Stärke
Pai	Puddingkuchen. (Aus dem Englischen: Pie)
Paska	Süsser Hefeteigbrot der traditionell zu Ostern gebacken wird (Aus dem Russischen: Paskje)
Pluschki	traditionell mennonitisch süße Hefebrötchen (vermutlich aus dem Russischen)
Tortillas	Fladen oder auch Pfannkuchen (Aus dem Spanischen)
Verenike	Quarkteigtaschen (Aus dem Russischen: Wareniki)
Weinstein	Crema de Tartara – in Deutschland eher als Fertigprodukt „Sahnesteif" erhältlich. Dient beim Kochen dazu, sowohl Eischnee als auch Schlagsahne steifer werden zu lassen. In den USA als Fertigprodukt „cream of tartar" zum Kochen so erhältlich.

Einleitung

Wie es zu diesem Buch kam: Nach erfolgreicher Zusammenarbeit bei einem anderen Rezeptbuch entschlossen wir uns eines Tages beim Tereré trinken, ein eigenes Buch zusammenzustellen.

Da wir beide gerne mit neuen Rezepten experimentieren, hatten wir auch bald eine Fülle von Ideen, die wir mit Freuden weitergeben wollten. Die Rezepte sind nicht zu kompliziert, man kann sie also leicht mit Kindern zusammen machen. Und die Zutaten sind alle auch im Chaco erhältlich.

Es sind Rezepte, die wir aus verschiedenen Quellen zusammengesucht haben: Zeitschriften, Internet, Freunde, Mamas und eigene Ideen.

Durch die Bekanntschaft von Kerstin Teicher, Autorin des KOCHBUCHS PARAGUAY, haben wir die Möglichkeit bekommen, unser Rezeptbuch auch für Backfreudige weltweit zur Verfügung zu stellen. Ab sofort können sie unser Kochbuch über Internet bestellen und brauchen dazu nicht in unseren paraguayischen Chaco reisen, um unsere Küche kennen zu lernen - vielen Dank an Kerstin Teicher für ihre Freundschaft und Mithilfe.

Abschließend noch ein paar Anmerkungen noch zu einigen Besonderheiten dieses Buches:

Die Zitate sind aus dem Englischen übersetzt worden und stammen aus dem E-Buch (Buch aus dem Internet) von Max Lucado mit dem Titel: „Gib jeden Tag eine Chance."

Im Kapitel „Mennonitisch Essen" findet man allerlei „Mennonitische" Spezialitäten. Dabei brauchen wir das Wort Mennonitisch als Kultur und nicht als Glaubensrichtung. Eine Anmerkung zu den Rezepten mit *. Sie sind aus dem Büchlein: „Mennonitisches Essen" entnommen. Dieses Büchlein wurde im Colegio Filadelfia im Jahr 2003 im Rahmen einer Projektwoche veröffentlicht. Mit Erlaubnis der damaligen Gruppenleiterin Frau Andrea Dueck, werden einige der Rezepte in diesem Kapitel aufgeführt. Das Buch „Mennonitisches Essen" ist im Buchhandel von Filadelfia erhältlich.

Wir wünschen viel Gelingen beim Ausprobieren unserer Rezepte

Fernheim, April 2015, Brenda Sawatzky & Carola Esau

Predigt

Als Einstimmung zu diesem Rezeptbuch setzen wir – mit freundlicher Erlaubnis - einen Auszug einer Predigt zum Muttertag 2010 von Harold Fröse.

Es gibt in unseren Leben eine ganze Fülle von Dingen, die uns orientieren, die uns eine Richtung angeben. Orientierungspunkte zeigen uns, was getan werden soll.

Ein ganz wichtiges Orientierungsbuch ist für die Frau das Rezeptbuch. Ist es überhaupt notwendig sich nach einem Rezept oder Vorschriften zu orientieren?

Je älter man wird, desto mehr Rezepte kann man auch auswendig, besonders die Lieblingsrezepte der Familie. Das wichtige am Rezept sind die Vorschriften, damit es gelingen kann und wir zu einem leckeren Gericht kommen.

Ein anderes Rezeptbuch, das wir im Leben gebrauchen ist die Bibel, Gottes heilige Wort. Die Bibel gibt uns viele Vorschriften und Hinweise für unser Leben.

Einige Beispiele:

1. Das Wort Gottes ist ewig: Jesaja 40,8: "Das Gras verdorrt, die Blume ist verwelkt. Aber das Wort unseres Gottes besteht in Ewigkeit." Wir dürfen daher wissen, Gottes Wort ist letztendlich das, was für uns immer griffbereit ist.

2. Das Wort Gottes ist wahr: Psalm 33,4: "Denn des Herrn Wort ist wahrhaftig, und was er zusagt, das hält er gewiss." Die Bibel ist nicht ein Buch mit schlauen Ideen, sondern ein wahrhaftiges Orientierungsbuch.

3. Das Wort Gottes ist lebendig und kräftig: Hebräer 4,12a: "Denn das Wort Gottes ist lebendig und kräftig…" Dieses Wort Gottes ist lebendig, es ist keine tote Information, sondern ist Leben und außerdem besitzt es Kraft, weil es vom allmächtigen Gott ausgeht. Deshalb, sucht dieses Wort Gottes, schaut nach in diesem Rezeptbuch Gottes, denn Gott hält was er verspricht und er will euch in allen Situationen begleiten. Er schenkt Kraft und Weisheit.

4. Das Wort Gottes schenkt Vertrauen: Petrus und seine Mitarbeiter sind von einem frustrierten Fischfang zurückgekehrt. Nichts gefangen. Da spricht Jesus: "Fahre hinaus auf die Tiefe, und lasst eure Netze zu einem Fang hinab! Und Simon antwortete und sprach: Meister, wir haben uns die ganze Nacht hindurch bemüht und nichts gefangen; aber auf dein Wort will ich die Netze hinablassen." (Lk. 5,4b-5) So wie wir uns genau am Rezept halten müssen um etwas Gutes zu backen, so sollen wir uns auch im täglichen Leben auf das Wort Gottes vertrauen und uns danach richten. Wenn Gottes Wort die Richtschnur in unserem Leben ist, werden wir und unsere Familien dadurch gesegnet werden.

5. Das Wort Gottes ist Licht auf meinem Weg: Psalm 119.105:"Dein Wort ist meines Fußes Leuchte und ein Licht auf meinem Wege." Das Wort Gottes ist unser Licht und damit verschwindet auch die Dunkelheit. Das Licht (Gottes Wort) will uns den Weg zur ewigen Herrlichkeit zeigen.

So gerne wir Frauen ein gutes Rezept an andere weitergeben, so sollte es auch unser Bestreben sein, dass Wort Gottes mit anderen zu teilen. Wir sind aufgefordert uns nach dem Wort Gottes zu richten, damit wir am richtigen Ziel ankommen.

Beilagen

Das nächste Mal, wenn dein Tag schief läuft,
versuche dieses zu tun:
- Begib dich in der Gnade Gottes
- Tränke deinen Tag in seiner Liebe
- Mariniere deinem Geist in seiner Barmherzigkeit – Er hat
dein Sündenkonto beglichen und deine Schuld bezahlt.

Christus hat unsere Sünden auf sich genommen und sie selbst
zum Kreuz hinaufgetragen. Das bedeutet, dass wir frei sind
von der Sünde und jetzt leben können, wie es Gott gefällt.
Durch seine Wunden hat uns Christus geheilt.
1. Petrus 2, 24

Du kannst Veränderungen ertragen,
wenn du über Gottes Beständigkeit nachdenkst.
Du kannst Ablehnung überleben,
wenn du über Gottes Annahme meditierst.

Richtet eure Gedanken auf Gottes
kommendes Reich und nicht auf das,
was dieser Welt zu bieten hat.
Kolosser 3, 2

Maisauflauf

2		Dosen Mais
3		Eier, geschlagen
1	T	Milch
1	T	salzige Kekse, fein zerbröselt
3	Essl	Butter oder Margarine, geschmolzen
1	Essl	Zucker
1	Essl	Zwiebel, fein gewürfelt
		Salz und Pfeffer

Mais, Eier, Milch, ¾ Tasse Kekskrümel, Butter, Zucker, Zwiebel, Salz und Pfeffer miteinander vermischen. In eine eingefettete (Glas)Backform geben und mit den übrigen Kuchenkrümeln bestreuen.

Auf mittlerer Hitze eine Stunde backen.

Nudelsalat

400	Gr	Nudeln
4		Eier
½		Dose Tomaten mit Saft
5		eingmachte Gurken
½		Dose Mais
		Salz und Pfeffer
1	Essl	Salatkrönung
1	Essl	Mayonnaise
1	Essl	süße Sahne oder etwas Milch
		etwas Saft von den sauren Gurken

Die Nudeln in Salzwasser gar kochen und danach gut mit Wasser abspülen. Die Eier in einem kleinen Topf gar kochen und abkühlen lassen. Die Eier, Tomaten und saure Gurken fein schneiden. Salz, Pfeffer, Salatkrönung, Mayonnaise, Sahne oder Milch und den Saft von den sauren Gurken gut vermischen. Alles zu einem leckeren Nudelsalat zusammen mischen und zum Asado (Grillen) servieren.

Nudeln mit Brokkoli

1		Packung Nudeln, etwas größere Art
1		Knoblauchzehe, fein geschnitten
¼	T	Butter
¼	T	Mehl
1	TL	Salz
2 ½	T	Milch
1	EL	Öl (geht auch Olivenöl)
5	T	Brokkolistücke
2	T	geriebene Käse

Die Nudeln kochen.

In der Zwischenzeit gibt man den Knoblauch und die Butter in die Pfanne und brät es gar. Mehl und Salz dazugeben und rühren. Langsam die Milch dazugeben und ständig rühren, ca. zwei Minuten kochen lassen.

Die gekochten Nudeln absieben und das Öl einrühren.

Die Brokkoli werden in einem Topf gar gekocht und danach abgesiebt.

In eine leicht gefetteten (Glas)Backform (oder ähnliches) eine Tasse der weißen Soße, die Hälfte der Nudeln und Brokkoli, so wie eine halbe Tasse Käse schichten. Die Schichten wiederholen und mit Soße und Käse zuletzt decken.

Mit Alufolie abdecken und auf mittlerer Hitze 25-30 Minuten backen.

Dieses Rezept kann vielseitig verändert oder ergänzt werden: So kann man Karotten, Kürbis oder Blumenkohl bei den dazugeben. Auch zwei Tassen gekochte (oder gegarte) Hähnchenbrustfleisch passen gut in den Auflauf.

Makkaroni und Käse (Nudeln mit Käse)

4	T	Makkaroninudeln
1		Ei, geschlagen
¼	T	Butter
¼	T	Mehl
2 ½	T	Milch
2	Teel	Senfpulver, nach Wunsch
2-3	T	Käse, gerieben
½	Teel	Salz
½	Teel	Gewürzsalz (Grill, Fondor, Arisco oder ähnliches)
½	Teel	Pfeffer

Die Nudeln bissfest kochen. Absieben. In einer kleinen Schüssel das Ei schlagen.

In einem großen Topf die Butter schmelzen und das Mehl hinzufügen. Ständig mit dem Schneebesen rühren und auf mittlerer Hitze ca. 5 Minuten köcheln lassen. Nicht anbrennen lassen! Die Milch langsam hineingießen, Senfpulver hinzufügen und glatt rühren. Fünf Minuten köcheln lassen bis die Masse angedickt ist. Flamme niedriger stellen.

Man nimmt nun 1/4 Tasse dieser Soße und gießt sie langsam in die Schüssel mit dem Ei, ständig rühren, damit das Ei nicht stockt. Mit dem Schneebesen glatt schlagen. Diese Mischung nun in die Soße geben, glatt rühren.

Käse hinzufügen und rühren bis es verschmolzen ist. Salz und Pfeffer und andere Gewürze hinzugeben und abschmecken. Es muss gut salzig sein. Die Nudeln dazugeben und rühren.

Sofort servieren oder man gibt dies in eine (Glas)Backform streut mehr Käse rauf und backt es noch mal für 20-25 Minuten.

Picknick Nudel Salat

3	T	dreifarbige Spiralnudeln, gekocht und abgetropft
1	Dose	Mais, ohne Saft
1	große	Tomate, in Würfel geschnitten
1	große	Gurke, in Stücke geschnitten
1	T	Oliven, in Stücke geschnitten

Salatsoße:

1/3	T	Essig
¼	T	Olivenöl
2	Teel	Dill, feingeschnitten
1	Teel	Salz
½	Teel	Zucker
½	Teel	Senfpulver
¼	Teel	Pfeffer
¼	Teel	Knoblauchpulver

In einer großen Schüssel alle oberen Zutaten miteinander vermischen.

In einem Glas mit fest verschließbarem Deckel die Soßenzutaten miteinander vermischen und gut schütteln. Über den Salat gießen und vorsichtig verrühren.

Im Kühlschrank für mindestens 2 Stunden vor dem Servieren ziehen lassen.

Reissalat

1	T	Reis
2	T	Wasser
1	Teel	Brühe
1		Lorbeerblatt
5-6		Pfefferkörner
1		kleine Dose Mais oder Erbsen
150	Gr	Wurst
200	Gr	Käse

Marinade

1	Teel	Senf
5	Essl	Essig
2	Teel	Salz
½	Teel	Pfeffer
1	Essl	Mayonnaise
7	Essl	Öl
½		Zitrone
4-6	Essl	Wasser

Reis kochen. Dann alle oberen Zutaten miteinander vermischen sowie alle Zutaten von der Marinade mischen und in die Reismasse geben. Gut umrühren und bis zum Servieren kaltstellen.

Wurst-Brot-Auflauf

½	Kg.	Bauernwurst, in Stücke geschnitten, ausgebraten und abtropfen lassen.
4 ½	T	Brotwürfel
2	T	geriebene Käse
10		Eier, etwas geschlagen
4	T	Milch
1	Teel	Senfpulver (oder ein Esslöffel Senf)
1	Teel	Salz
¼	Teel	Zwiebelpulver (oder ¼ Zwiebel, fein gewürfelt)
		Pfeffer
½	T	Champignons (Pilze), fein geschnitten (nach Wunsch)

Auf ein großes (33 x 23 cm)eingefetteten Blech die Brotwürfel verteilen. Mit Käse bestreuen.

Eier, Milch, Senf, Salz, Pfeffer und Zwiebelpulver miteinander vermischen und gleichmäßig über das Brot und den Käse gießen.

Wurst und wenn gewünscht Pilze überstreuen.

Mit Alufolie abgedeckt für eine Nacht oder 1 Stunde im Kühlschrank stellen.

Ohne Folie auf mittlerer Hitze etwa 1 Stunde backen.

Wenn es zu schnell dunkel wird, zuletzt wieder zudecken mit Folie.

Wurstsalat

Etwas Blattsalat

1	kl	Tomate
500	Gr	Wurst, helle (Fiambre Paris)
1		Zwiebel
3	kl	saure Gurken
½		rote Paprika
½	Teel	Senf
		Salz, Pfeffer
1	Essl	Essig
2	Essl	Öl

Die Wurst erst in Scheiben, dann in etwas dickere Streifen schneiden. Zwei saure Gurken und Paprika in Würfel schneiden.

Die Zwiebel in dünne Scheiben schneiden und zu Ringen auseinander nehmen. Alles in einer Schüssel mischen und mit Salz, Pfeffer, Senf, Essig und Öl unterheben.

Den Wurstsalat auf einer ovalen Platte anrichten, rechts und links ein schönes Salatblatt legen, die Tomate achteln und aus der sauren Gurke 2 Fächer schneiden.

Mit Tomaten und Gurkenfächern den Salat garnieren.

Brot

Willst du einen Tag retten von den Fesseln der Langeweile?

- Tue großzügige Taten
- Arbeite ohne Lohn
- Sei freundlich ohne Entschädigung.

Wir sind wichtig, aber nicht unbedingt erforderlich.

Wertvoll, aber nicht unentbehrlich.

Wir spielen eine Rolle im Stück,
aber wir sind nicht der Hauptakt .

Wir singen, aber wir sind nicht die tragende Stimme.

Gott ist es!

Graubrot

3	Essl	feine Hefe
1	Essl	Zucker
5	T	warmes Wasser
3	Essl	Salz
½	T	Öl
1	T	Kafirmehl (ggf. durch Roggenmehl ersetzen)
¼	T	Sesam
½	T	Weizenmehl weißes Mehl

Hefe und Zucker mit einer Tasse warmen Wasser auflösen und 5 Minuten ruhen lassen.

Kafirmehl, Sesam, Salz und Weizenmehl in einer großen Schüssel vermischen und eine Mulde machen.

Dann die Hefe und das Öl in die Mulde geben und verrühren. Dann soviel weißes Mehl hineinkneten bis es einen schönen, aber nicht klebrigen Teig gibt.

Den Teig gehen lassen, bis er sich verdoppelt hat, in Brotformen geben und noch mal gehen lassen.

Dann im heißen Ofen backen.

Kräuterbrot

2	T	Mehl
2	T	Vollkorn Weizen Mehl
1	T	Roggenmehl
2	Essl	Hefe
1	Essl	Zucker
1	Essl	Salz
¼	T	Petersilie, fein gehackt
¼ - ½	Teel	Majoran
¼ - ½	Teel	Rosmarin, fein gerieben
1-1 ½	T	Wasser
3	Essl	Butter
1		Eiklar
1	Essl	kaltes Wasser

In einer Schüssel die 3 Sorten Mehl vermischen. Man nimmt davon 1 ½ Tassen ab, und gibt es in eine große Schüssel. Hefe, Zucker, Salz und Kräuter dazugeben. In einem kleinen Topf Wasser und Butter leicht erhitzen. Dieses gießt man in die Mehl-Hefe Mischung und schlägt es, bis alles verrührt ist, dann für weitere zwei Minuten schlagen. ¾ Tasse der Mehlmischung dazugeben und weitere zwei Minuten schlagen. Soviel Mehl dazugeben und kneten, bis ein fester Teig entsteht. Auf eine bemehlte Arbeitsfläche geben und ca. 6-8 Minuten kneten. In eine gefettete Schüssel geben und zugedeckt und warm eine Stunde gehen lassen.

Den Teig nochmals kneten und 15 Minuten ruhen lassen. Auf eine leicht bemehlte Arbeitsfläche geben und den Teig in zwei Laibe formen. Zwei Bleche einfetteten und die Laibe hinauf legen und diagonal etwas einschneiden. Zugedeckt und warm ca. eine Stunde gehen lassen. Eiklar und kaltes Wasser vermischen und mit einem Pinsel die Brote damit streichen. Auf mittlerer bis etwas höherer Hitze 30-35 Minuten backen.

Marmorbrot

Dunkler Teig:

2	T	Vollkorn Mehl
2	T	Roggenmehl
3	T	Mehl
1	Essl	Zucker
1 ½	Essl	Salz
2	Essl	Hefe
2 ¼	T	Wasser
¾	T	Maismehl
1/3	T	dunkler Sirup (Melasse)
3	Essl	Butter
1	Essl	Sesam (oder auch Kümmel)

Heller Teig:

3	Essl	Zucker
2 ½	Teel	Salz
1	Essl	Hefe
6	T	Mehl
1 ½	T	Wasser
½	T	Milch
3	Essl	Butter
1		Eiweiß, geschlagen

1. Dunkler Teig:
In einer Schüssel Vollkornmehl, Roggenmehl und 2 ½ Tassen Mehl vermischen.
In eine großen Schüssel Zucker, Hefe, Salz und 1 ½ Tasse der Mehlmischung geben.
In einem Topf Wasser, Maismehl und Sirup vermischen. Butter und Sesam dazugeben und auf niedriger Hitze erhitzen, bis es etwas wärmer als lauwarm ist.
Mit niedriger Geschwindigkeit am Mixer langsam die Flüssigkeit den trocken Zutaten hinzufügen, dann immer schneller quirlen, bis alles vermischt ist. Immer wieder eine Tasse der Mehlmischung hinzufügen und einen weichen Teig herstellen.
Auf einer bemehlten Arbeitsfläche den Teig 10 Minuten kneten. Eine große Schüssel einölen, den Teig einmal drinnen wenden und zugedeckt an einen warmen Ort eine Stunde gehen lassen.

2. Heller Teig:
In der Zwischenzeit wird der helle Teig vorbereitet.

In einer Schüssel Zucker, Salz, Hefe und 2 Tassen Mehl vermischen.

In einem kleinen Topf Wasser, Milch und Butter etwas wärmer als Zimmertemperatur werden lassen. Mit dem Mixer die flüssigen Zutaten bei den Trockenen unterquirlen, für 2 Minuten schlagen, 3/4 Tasse Mehl dazugeben und weitere 2 Minuten schlagen. Ungefähr 3 Tassen Mehl unterkneten. Teig etwa eine Stunde an einem warmen Ort ruhen lassen.

Den dunkeln Teig einmal durchkneten und auf einem leicht bemehlten Arbeitsplatz in 3 gleich große Teile teilen. Zugedeckt 15 Minuten ruhen lassen.

Dasselbe auch mit dem hellen Teig machen.

Zwei Bleche einfetten. Nun kann man von jedem Teig eines nehmen und auf verschiedene Arten das Brot machen:

- Marmorspirale: den dunklen Teig zu einem Rechteck ausrollen, hellen Teig genauso groß ausrollen und auf den dunklen Teig legen. Nun den Teig aufrollen und vorsichtig in einem Blech legen.
- Zopf: aus einem dunklen Teig 2 Stränge rollen, aus den hellen Teig einen Strang. Diese werden nun zusammen verflochten. Vorsichtig aufs Blech legen.

Man kann zwei Brote auf ein Blech legen. Die Brote zugedeckt eine Stunde ruhen lassen.

Mit Eiweiß bepinseln und nach Belieben mit Sesam, Leinsamen, Sonnenblumenkerne oder ähnlichem bestreuen.

Auf etwas mehr als mittlerer Hitze 20-30 Minuten backen.

Dips

Er hat es vor unserer Geburt gut hingekriegt,

und wird es auch nach unserem Tod gut machen.

Er hat alles angefangen, er unterhält alles

und wird es zu einem glorreichen Höhepunkt bringen.

In der Zwischenzeit haben wir die große Ehre uns selbst

zu verleugnen, sein Kreuz auf uns zu nehmen und Ihn

nachzufolgen.

Dill Dip – Für Gemüse

1	T	Schmand oder Sahne
½	T	Mayonnaise
1	Essl	Zwiebeln, fein gewürfelt
1	Teel	Petersilie, fein gehackt
1	Teel	Dill, fein verzupft
1	Teel	Salz
1/8	Teel	Pfeffer

Alle Zutaten miteinander verrühren und bis zum Servieren kalt stellen.

Gewünschtes Gemüse (z.B. Möhren, Kohlrabi usw.) in Stäbchen schneiden und schön auf einem Teller anrichten und den Dip dazu servieren.

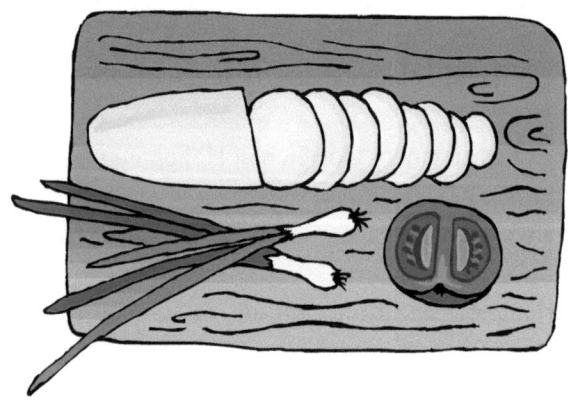

Frierer Salsa (Salsa zum Einfrieren)

¾	T	gehackte Zwiebeln
½	T	gehacktee Sellerie
1/3	T	gehackte Paprika, grün oder rot
1	Kl	Pfefferschote
3		Knoblauchzehe, gehackt
¼	T	Olivenöl
12	mittl	Tomaten, geschält, entkernt und fein geschnitten (ca. 6 Tassen)
3		Dosen (zu 150 Gr) Tomatenmark (Mors)
1/3	T	Zitronensaft
1/3	T	Essig
1	Essl	Honig
1	Essl	Zucker
1 ½	Teel	Salz
1	Teel	getrocknetes Basilikum (man kann auch Oregano oder Pizzagewürz nehmen)

In einem großen Topf Zwiebeln, Sellerie, Paprika und Knoblauch im Öl 5 Minuten braten, oder bis sie weich sind. Die übrigen Zutaten hinzufügen und zum Kochen bringen. Hitze reduzieren und 20 Minuten köcheln lassen, dabei gelegentlich rühren. Vollständig abkühlen lassen. Diese Salsa kann man nun in Plastikbehälter einfüllen und bis zu 3 Monaten einfrieren. Vor dem Servieren umrühren.

Garten Gemüse Dip (Aufstrich)

200	Gr	Frischkäse (Cream Cheese), Zimmertemperatur
½	T	gehackte grüne Paprika
2	St.	Sellerie, fein gehackt
2	mittl.	Karotten, geraspelt
6		Radieschen, fein gehackt
4	Teel	gehackte Zwiebel
1	Teel	Dill

Salzige kekse, Fladenbrot, Toastbrot oder ähnliches

Alle Zutaten (außer Brot) miteinander verrühren. Bis zum Servieren kalt stellen. Dann mit Brot, salzigen Keksen oder ähnliches servieren.

Mais und Speck-Dip

200	Gr	Frischkäse
1	T	Sahne
¼	T	Mayonnaise
2		Knoblauchzehe, gehackt
¼	Teel	Scharfe Sauce (Cica; Hot sauce)
1	Dose	Mais
8		Streifen Speck, ausgebraten und zerkleinert

Verschiedenes rohes Gemüse und salzige Kekse, zum Eintauchen

Die ersten 5 Zutaten miteinander verrühren und dann den Mais und Speck dazu rühren. Zugedeckt im Kühlschrank für einige Stunden durchziehen lassen.

Mit rohem Gemüse (Karotten, Gurken, Paprika, Blumenkohl) oder salzigen Kekse (Criollitas, Kräcker oder Chips) zum Dippen servieren.

Salsa mit schwarzen Bohnen

5	mittl	Tomaten, entkernt und feingeschnitten
1	Essl	feingehackte Petersilie
1		rote Pfefferschote (Vorsicht: wenn die Pfefferschote sehr scharf ist, weniger nehmen)
1	T	gekochte schwarze Bohnen
½	Dose	eingelegte Tomaten (klein geschnitten) oder
½	Dose	Pizzasoße
¼	T	Oliven, klein geschnitten
2	Essl	Zwiebel, klein geschnitten
½	Päck.	Salatkrönung oder Salatfix mit ¼ T Öl angerührt

Tortilla Chips oder Chips

In einer großen Schüssel die ersten acht Zutaten miteinander verrühren.

Mit den Chips servieren (zum Dippen). Die Reste im Kühlschrank aufbewahren.

Tausend Inseln Salat Soße (Thousand Island Dressing)

1	T	Mayonnaise
¼	T	Ketchup
2		hart gekochte Eier, ohne das Gelbe vom Ei
1	Essl	Zwiebellauch
2		kleine saure Gurken
4 ½	Teel	fein gehackte Zwiebel
1	Teel	Scharfe Soße (Cica; Hot sauce)
½	Teel	Salz
¼	Teel	Pfeffer

Alle Zutaten in den Mixer geben und pürieren. Bis zu dem Gebrauch im Eisschrank aufbewahren. Über den Gemüsesalat gießen oder als Dip für Gemüse gebrauchen.

Tomaten Salsa

3		Tomaten, fein schneiden
1/3	T	fein geschnittene Paprika
¼	T	fein geschnittene Zwiebeln
¼	T	fein geschnittener Zwiebellauch
1		Knoblauchzeh, fein gehackt
1	Teel	Essig
1	Teel	Zitronensaft
1	Teel	Öl
½	Teel	fein geschnittene rote Pfefferschotte
¼	Teel	Salz
1	Teel	Oregano

Alles zusammen rühren und im Kühlschrank aufbewahren.
Mais- oder Kartoffelchips in die Salsa tauchen.
2 Esslöffel Salsa = 17 Kalorien

Gerichte

Spezialisiere dich
in der Gnade Gottes.
Konzentriere dich
auf das Kreuz Christi.
Sprich fließend
in der Sprache der Erlösung.
Verweile lange
am Fuße des Kreuzes.
Tauche ein
in den Lehrplan der Gnade.

Aufgerollte Lasagne mit Salami

12		Lasagne-Nudeln
1 ½	T	Käse, gerieben
1 ½	Teel	Zwiebellauch, fein geschnitten
1	Teel	Oregano
36	Sch	Salami oder Peperoni, dünn geschnitten
1 – 1 ½ T		Pizza Soße (Pomarola)
		Wenn es fehlt, mehr Käse

Die Lasagne Nudeln werden gekocht. Eine rechteckige (Glas)Backform leicht einfetten.

Auf jede Scheibe Lasagne streicht man etwas Pizzasoße und legt folgendes hinauf: 3 Scheiben Wurst, etwas Zwiebellauch, Oregano und geriebene Käse.

Vorsichtig wird die Nudel aufgerollt, mit einem Zahnstocher spicken, damit die Rolle die Form behält.
Dann legt man die Rollen in der Form.

Wenn alle Nudeln gefüllt sind, bestreut man die Rollen mit Käse. Zugedeckt auf mittlerer Hitze 20-25 Minuten aufbacken.

Bauernwurst-Auflauf

½	Kg.	Bauernwurst, in kleine Stücke geschnitten
1	T	Sandwichkäse, gerieben
1	T	festen Käse, gerieben
½	T	Zwiebel, fein gewürfelt
½		grüne Paprika, gewürfelt
10		Eier
1	Teel	roter Pfeffer
1	Teel	Kümmel (wenn gewünscht)
1	Teel	Salz
½	Teel	Knoblauchpulver oder 1 Zehe fein gewürfelt
½	Teel	Pfeffer

In einer Pfanne wird die Wurst durchgebraten, abtropfen lassen. Ein Blech (33 x 23cm) einfetten und die Wurststücke darauf verteilen. Käse, Zwiebeln und Paprika darauf schichten.

In einer Schüssel die Eier und die Gewürze quirlen. Dieses gießt man über die anderen Zutaten im Blech.

Auf mittlerer Hitze 18-22 Minuten (oder bis es gar ist) backen. Zehn Minuten kühlen lassen, dann in Stücke schneiden.

Fleischbrot

1		Ei
¾	T	Haferflocken
¾	T	Milch
¼	T	Zwiebeln, fein geschnitten
1	Teel	Petersilie, fein geschnitten
1	Teel	Sojasoße
1 ½	Teel	Salz
¼	Teel	Pfeffer
750	Gr	Hackfleisch (Rind)
1	T	Käse, gerieben
¼	T	Ketchup

Die ersten acht Zutaten miteinander vermischen.

Das Fleisch dazugeben und gut durchkneten.

Die Hälfte dieser Mischung in eine gefettete Brotform drücken und mit Käse bestreuen. Das übrige Fleisch hineindrücken und mit dem Ketchup bestreichen.

Auf mittlerer Hitze 75-90 Minuten backen.

Gebackene Hähnchenflügel

1,5	kg	ganze Hähnchenflügel
2	T	Ketchup
½	T	Honig
2	Essl	Zitronensaft
2	Essl	Öl
2	Essl	Sojasoße
1	Teel	Paprikapulver
2		Knoblauchzehen, gehackt
½	Teel	Pfeffer
1	Teel	Scharfe Sauce (Cica; Hot sauce)

Die Hähnchenflügel in 3 Teile schneiden, die Flügelspitze wegwerfen. Die Flügel auf ein großes Backblech legen und bei mittlerer Hitze 35-40 Minuten backen.
In einer großen Schüssel die restlichen Zutaten vermischen. Dieses auf die Hähnchenflügel gießen und verrühren. Zugedeckt eine weitere Stunde auf niedriger Hitze backen.

Gebackene Kurze Rippen

2	Kg	Kurze Rinderrippen
1 ½	T	Wasser
1		mittlere Zwiebel
1	Essl	Essig

Soße:

½	T	Ketchup
½	T	Zwiebel, feingehackt
2	Essl	Zitronensaft
2		Knoblauchzehe, fein gewürfelt
1	Teel	Zucker
½	Teel	Salz
1/8	Teel	Pfeffer

In einem großen Topf Rippen, Wasser, Zwiebel und Essig zum Kochen bringen. Flamme niedriger stellen und eine Stunde köcheln lassen. Ab und zu die Rippen wenden. Abtropfen lassen.

Die Rippen auf ein großes Blech legen.

Die Zutaten der Soße miteinander vermischen und über die Rippen gießen.

Mit Alufolie bedecken und auf mittlerer Hitze 1 ¼ Stunde backen.

General Tasos Hähnchen (Hähnchen Süßsauer)

Soße

¼	T	Speisestärke
¼	T	Wasser
1 ½	Teel	feingeschnittener Knob-lauch (oder Pulver)
1 ½	Teel	feingeschnittener frischer Ingwer (oder Pulver)
¾	T	Zucker
½	T	Sojasoße
¼	T	Essig
¼	L	Rotwein (oder auch Hähnchenbrühe)
2	T	Hähnchenbrühe (bspw. mit Fertig-/Instantbrühe)

Zutaten in einem Einmachglas verrühren und vor Gebrauch gut schütteln. Kann im Voraus gemacht und im Kühlschrank gelagert werden.

Hähnchen

1	kg	Hähnchenbrustfleisch, in Würfel geschnitten
¼	T	Sojasoße
1		Ei, etwas geschlagen
1	T	Speisestärke
1	T	Zwiebellauch oder Zwiebel, feingeschnitten
1		rote Pfefferschote feingeschnitten (mehr, wenn man es schärfer mag)

Das Fleisch mit der Sojasoße mischen. Ei dazu rühren. Speisestärke dazu rühren und gut durchrühren, bis alle Fleischstückchen von der Mischung bedeckt sind.

In einer Pfanne Öl erhitzen und portionsweise alle Fleischstücke darin braun und knusprig braten und auf Küchenpapier abtropfen lassen.

Zwiebel und Pfefferschote mit wenig Öl anbraten und dann die Soße Mischung dazuzugeben und kochen, bis es angedickt ist.

Die Hähnchenstücke dazugeben und durchwärmen. Sofort servieren.

Dazu passt Reis.

Hähnchen-Päckchen

Dieses ist eine schnelle leckere Mahlzeit in einem Paket aus Alufolie. Das Huhn bleibt schön feucht und ist sehr geschmackvoll. Dieses Rezept ist nur für 2 Portionen, aber man kann es sehr gut verdoppeln.

2	Stücke	Alufolie (in 30 x 30 cm große Stücke geschnitten)
200	Gr	Hähnchenbrustfleisch, in Streifen geschnitten
2	kl	Kartoffel, in dünne Scheiben geschnitten
¾	T	geriebene Käse
½	kl	rote Paprika, in Streifen geschnitten
½	kl	grüne Paprika, in Streifen geschnitten
2	Essl	Ketchup oder etwas Scharfe Sauce (Cica; Hot sauce)
1		Zwiebellauch, fein gehackt
¼	Teel	Salz
1/8	Teel	Pfeffer

Das Fleisch auf die 2 Folien verteilen.

In einer Schüssel die restlich Zutaten verrühren und auf die zwei Pakete verteilen.
Die Folie um den Inhalt wickeln und fest verschließen.

 Die Pakete auf ein Backblech legen und bei mittlerer Hitze für 25-30 Minuten backen. Die Folie vorsichtig öffnen, damit der Dampf entweichen Kann.
M
an kann diese Päckchen auch in der heißen Glut hineinlegen.

Es ergibt eine schmackhafte Mahlzeit beim Zelten oder Picknick.

Hähnchen Pasta Primavera

2	T	Spiralnudeln
500	Gr	Hähnchenbrustfleisch, in Würfel geschnitten
2		Knoblauchzehen, gehackt
2	Essl	Butter
400	Gr	gekochter Brokkoli
¾	T	Sahne
¾	T	geriebener Käse
1	Teel	Salz
¼	Teel	Pfeffer

Die Nudeln kochen und absieben.

In der Zwischenzeit in einer großen Pfanne das Fleisch und den Knoblauch in der Butter braten, bis der Knoblauch glasig ist und das Fleisch nicht mehr rosa ist.

Das Gemüse und die Sahne dazugeben.

Die abgetropften Nudeln, den Käse, Salz und Pfeffer dazugeben und alles miteinander verrühren und erhitzen. Servieren.

Hamburger

500	Gr.	Hackfleisch (Rind)
1		Ei
1	T	Paniermehl (Galleta Molida)
¼	T	Zwiebel, feingeschnitten
2	Teel	Scharfe Sauce (Cica; Hot sauce)
1 ½	Essl	Essig
1	Teel	Sojasoße
1/2-1	Teel	Oregano
½	Teel	Salz
½	Teel	Pfeffer
¼	Teel	Knoblauchpulver

Alle Zutaten miteinander vermischen und glatt durchkneten.

Zu Hamburgern formen und auf mittlerer Hitze ca. 20 Minuten backen oder in der Pfanne mit etwas Öl auf jeder Seite 5-7 Minuten braten.

Servieren mit:
- große Brötchen
- Tomatenscheiben
- Zwiebelscheiben
- Gurkenscheiben
- Salatblätter
- Ketchup, Mayonnaise, Senf

Hühnchenpastete

1	mittl	Zwiebel, fein geschnitten
1/3	T	Butter
½	T	Mehl
1	Teel	Salz
¼	Teel	Pfeffer
1 ¾	T	Hühnerbrühe
2/3	T	Milch
2	T	gekochtes Hähnchen Fleisch
1	T	Käse, gerieben
2	T	Erbsen, Mais und gekochte Karotten (oder 1 Dose)

Teig:

2	T	Mehl
2	Teel	Sellerie Samen (wenn man hat)
1	Teel	Salz
2/3	T	Pflanzenfett
4 - 5	Essl	kaltes Wasser
		Milch, wenn man will

In einer Pfanne brät man die Zwiebel in der Butter. Mehl, Salz und Pfeffer dazu rühren, bis alles vermischt ist. Langsam die Brühe und die Milch dazu gießen.

Aufkochen lassen und rühren, etwa 2 Minuten, oder bis die Masse angedickt ist. Fleisch, Käse und Gemüse dazu rühren, und weiter rühren, bis die Käse geschmolzen ist.

Etwas beiseite stellen, aber warm halten.

Für den Teig vermischt man das Mehl mit dem Selleriesalz und dem Salz in einer Schüssel.

Das Pflanzenfett hineingeben und mit den Händen verarbeiten, bis es wie Streusel aussieht. Nur so viel Wasser dazu geben, bis man aus dem Teig einen Ball formen kann.

Den Teig halbieren.
Eine runde Kuchenform etwas einfetten und eine Hälfte des Teiges in die Form drücken.

Die heiße Füllung hinauf geben. Den übrigen Teig ausrollen und über die Füllung legen. Die Kanten fest zudrücken und mir einer Gabel kleine Löcher hinein stechen.

Den Teig mit Milch bepinseln, wenn man will.

Auf mittlerer Hitze 40 - 45 Minuten backen.

Hühner-Eintopf

1		Hähnchen, in Stücke geschnitten
		Wasser
4		mittlere Kartoffeln, in Stücke geschnitten
1 ½	T	weiße Bohnen, gekocht oder aus der Dose
2		mittlere Zwiebeln, in Scheiben geschnitten
1	Teel	Salz
½	Teel	Pfeffer
		Etwas roter Pfeffer
1	Dose	Mais, ohne Saft
1	Dose	Tomaten, mit Saft, in Stücken
½	T	Butter oder Margarine
½	T	Paniermehl (Galleta molida)

In einem großen Topf werden die Hähnchenstücke mit einer Tasse Wasser zum
Kochen gebracht.

Dann stellt man die Flamme niedriger und lässt es 1 ½ - 2 Stunden köcheln
(nach Bedarf etwas Wasser dazu gießen).

Hähnchenstücke herausnehmen und alle Knochen entfernen. Das Fleisch
würfeln und in den Topf zu der Brühe zurücklegen.

Kartoffeln, Bohnen, Zwiebeln und Gewürze hinzufügen und ca. 30 Minuten
köcheln lassen oder bis die Kartoffeln gar sind.

Übrige Zutaten hinzufügen und für ca. 10 Minuten weiter kochen.

54

Mexikanische Lasagne

500	Gr	Hackfleisch (Rind)
1	kl	Tüte Pomarola (Pizzasoße)
1 ½	T	gekochte braune (rote) Bohnen
1	Dose	Mais, ohne Saft
½		Zwiebel, fein geschnitten
½		Paprika, fein geschnitten
1		Knoblauchzeh, fein geschnitten
1	Teel	Salz
1	Teel	Gewürzsalz
1	Teel	Scharfe Sauce (Cica; Hot sauce)
1	Pack.	Lasagne Nudeln
1 ½	T	Käse, gerieben

Das Fleisch braun braten. Pomarola, Bohnen, Mais, Zwiebel, Paprika, Knoblauch, Salz, Gewürzsalz und Cica dazu geben. Gut umrühren und ca. 15 Minuten köcheln lassen.

In der Zwischenzeit werden die Nudeln gekocht.

In eine eingefetteten (Glas)Backform eine Schicht Nudeln legen.

Mit einem Teil der Fleischmischung abdecken und mit einem Teil der Käse bestreuen. Dieses wiederholen, bis die Zutaten verbraucht sind. Mit Käse enden. Zugedeckt auf mittlerer Hitze 30 Minuten backen.

Pasta Mexicana

400	Gr	Nudeln
1		Lorbeerblatt
1	Essl	Salz
300	Gr	Hackfleisch (Rind) oder verschiedene Wurstarten
1		Knoblauchzeh
½		Zwiebel
		Gewürze (Salz, Pfeffer, Soja Soße,.....)

Die Nudeln mit dem Lorbeerblatt und Salz gar kochen.

Das Hackfleisch oder nach Wunsch verschiedene Wurstarten mit Zwiebeln, Knoblauchzeh und Gewürze gar braten.

Nudeln mit dem Fleisch zusammen gut verrühren, in eine (Glas)Backform füllen, nach Wunsch Käse überstreuen und einmal aufbacken.

Kann man zum Abendbrot servieren, wenn man zum Beispiel vom Mittagessen Nudeln übrig gehalten hat.

Picknickhähnchen

3		Eier
3	Essl	Wasser
1 ½	T	Paniermehl (Galleta Molida)
2	Teel	Paprikapulver
1	Teel	Salz
½	Teel	**je** Majoran, Thymian und Rosmarin (Oregano, tomilo, romero)
½	Teel	Pfeffer
1	T	geschmolzene Butter
12		Hähnchenschenkel (Schinken und Bein)

In einer flachen Schüssel die Eier und das Wasser miteinander mischen. In einer anderen Schüssel das Paniermehl und die Gewürze miteinander vermischen.

Die Butter auf zwei Backbleche verteilen.

Die Hähnchenstücke zuerst in Ei tauchen, dann in das Paniermehl.

Auf das Backblechen legen und auf mittlere bis hoher Hitze ungefähr eine Stunde backen.

Dieses Gericht kann heiß oder kalt serviert werden.

Pizza

1 ½	T	warmes Wasser
2 ½	Teel	Hefe
2	Essl	Zucker
4 ½	T	Mehl
3	Teel	Salz
3	Teel	Öl
1	Teel	Oregano

Zucker und Hefe im warmen Wasser auflösen lassen, 5 Minuten gehen lassen.

In einer anderen Schüssel Mehl, Salz und Oregano zusammen mischen und eine Mulde machen. Das Öl und die Hefe hinein geben, langsam alles verrühren und dann 10 Minuten kneten. Den Teig mit etwas Öl einreiben und dann für 2 Stunden gehen lassen oder bis er sich verdoppelt hat.

Einmal runter kneten und dann den Teig für die Pizza ausrollen und backen.

Man kann den Teig auch 1 Tag im Kühlschrank aufbewahren, dann nur eine Stunde vor dem Gebrauch rausnehmen.

Nach dem Backen die Pizza mit Pomarola bestreichen, belegen mit Salami, Bauernwurst, Pizzawurst oder auch mit Hackfleisch (vorher gar gebraten).

Nach Wunsch mit Mais, Erbsen, Palmitos (Palmherzen), Pilzen, Tomaten, usw. belegen und zuletzt den geriebenen Käse.

Die Pizza noch einmal aufbacken bis der Käse geschmolzen ist.

Schweinerippchen mit Barbecuesoße

Barbecue Soße:

1	T	Ketchup
½	T	Essig
½	T	Cornsyrup
2	Teel	Zucker
½	Teel	Salz
1		Knoblauchzehe, fein gehackt
½		kleine Zwiebel, fein gehackt

Alle Zutaten in einem Topf geben und mit dem Schneebesen gut verrühren.
Auf hoher Hitze die Soße bis zum Kochen bringen, dann die Hitze reduzieren und 30-40 Minuten köcheln lassen.
Vom Herd nehmen.

1 ½ - 2 kg Schweinerippchen so schneiden, dass man 3-4 Teile hat.

Diese werden mit Alufolie fest umwickelt und mit der Foliennaht nach oben auf das Backblech gelegt. Auf mittlerer Hitze 2-2 ½ Stunden backen.

Die Rippen aus der Folie wickeln und mit der Soße großzügig bedecken und weitere 15 Minuten backen.

Die übrige Soße zum Übergießen dazu reichen.

Speck-Kartoffel Omelette

3		Streifen Speck, gewürfelt
2	T	geschälte Kartoffeln in kleine Würfel geschnitten
1		mittelgroße Zwiebel, gehackt
3		Eier, leicht geschlagen
		Salz und Pfeffer nach Geschmack
½	T	geriebene Käse

In einer Pfanne den Speck knusprig braten. Den Speck auf Küchenpapier abtropfen lassen.

Das Fett in der Pfanne lassen und die Kartoffel und Zwiebel darin gar braten, dabei gelegentlich umrühren.

Eier, Salz und Pfeffer dazugeben, vorsichtig mischen. Zudecken und bei mittlerer Hitze kochen, bis die Eier gar sind. Mit Käse bestreuen. Vom Herd nehmen, abdecken und stehen lassen, bis der Käse geschmolzen ist. Das Ganze mit Speck bestreuen. Vorsichtig mit einem Messer das Omelette vom Rand lösen und in einem Teller gleiten lassen. In 3 Teile schneiden.

Umgekehrte Pizza

½	Kg.	Hackfleisch (Rind)
1		mittlere Zwiebel, fein geschnitten
		Salz und Pfeffer
1 ½	T	Pomarola (Pizzasoße)
2	T	geriebener Käse
1	T	Milch
2		Eier
1	Teel	Öl
1	T	Mehl
½	Teel	Salz

In einer großen Pfanne wird das Fleisch mit den Zwiebeln durchgebraten. Mit Salz und Pfeffer abschmecken. Falls das Fleisch noch sehr wässrig ist, etwas abtropfen lassen. Pomarola hinzufügen, umrühren und einmal kochen lassen. Dieses wird nun in ein eingefettetes Blech (oder große Glas-Backform) gegeben, gleichmäßig verteilen und mit Käse betreuen.

Im Mixer Milch, Eier, Öl, Mehl und Salz vermischen.

Den Teig über das Fleisch gießen und auf mittlerer Hitze 25-30 Minuten backen.

Mennonitisch

Essen

Gott ist fähig zu erreichen, zu versorgen,
zu helfen, zu retten, zu halten, zu unterwerfen.

- Er ist fähig das zu tun, was du nicht kannst.
- Er hat schon einen Plan.
- Gott ist nicht verwirrt.
- Geh zu Ihm.

Borscht

1	Kg	Suppenfleisch
2	L	Wasser
2		Karotten
1		mittelgroßer Weißkohl
3		Kartoffeln
1		Tomate
1		Zwiebel
1	Essl	Salz
1		Lorbeerblatt
2	Essl	Petersilie
½	Teel	Pfeffer
4	Essl	Tomatenmark (Mors)
1/3	T	Sahne

Das Fleisch mit den Gewürzen ungefähr 1 ½ bis 2 Stunden kochen. Eventuell Wasser dazu gießen.

Gemüse waschen, schälen, würfeln und in die Suppe hinzufügen. Kochen bis das Gemüse gar ist.

Sahne kurz vor dem Servieren hinzufügen.

Gloms Kielke

1-2	T	Quark
3-4		Eier
1	Teel	Salz
		Pfeffer
		Mehl

Aus den Zutaten macht man einen festen Teig.

Den Teig rollt man aus und schneidet mit einem Rollenschneider etwa 5 cm dicke, fingerbreite Nudeln. Diese werden portionsweise ins kochende gesalzene Wasser geben und gegart. Mit dem Lochlöffel ausschöpfen und frische Nudeln hinein geben.

Diese Kielke serviert man mit Sahne Soße und gebackener Bauernwurst oder anderen Würstchen dazu.

Man nennt diese auch Verenike für die faule Hausfrau, weil sie viel einfacher zu machen sind als die richtige Verenike.

Gloms Koke (gebratene Quarkküchlein)

350	Gr	Quark
3-4		Eier
½	T	Mehl
1 ½	Teel	Salz

Öl zum Ausbraten

Alle Zutaten, außer Öl, miteinander verrühren. In einer etwa 2 cm tiefen Bratpfanne wird Öl zum Braten erhitzt.

Den Teig zu Kugeln rollen, etwas platt drücken und im heißen Fett ausbraten.

Wird gerne als kleine Mahlzeit serviert.

Hühnersuppe

2	Kg	Suppenhuhn
3	L	Wasser
1	Essl	Salz
		einige Pfefferkörner
1		kleine Zwiebel
1		Lorbeerblatt
1	Essl	Petersilie

Das Suppenhuhn mit 3 Liter Wasser etwa 2-3 Stunden kochen, wenn nötig mehr Wasser hinzufügen. Salz, Pfefferkörner, Zwiebel, Pfefferkörner beim Kochen dazu geben. Petersilie erst kurz vor Ende hinzufügen.

Nudeln: *

6		Eier
¼	T	Wasser
3 ½	T	Mehl

Eier, Wasser und Mehl zu einem festen Teig verarbeiten, damit man ihn durch die Nudelmaschine drehen kann. Die Nudeln schneiden und dann in Salzwasser gar kochen.

Die gekochten Nudeln mit der Hühnersuppe zusammenrühren und servieren.

Junges–Zelot (Männersalat)

1	Dose	Tomaten
1	Dose	Mais
1		Zwiebel
1	Dose	Palmitos (Palmherzen)
2-4		Zitronen (den Saft)
		Knoblauch, nach Belieben
		Salz, Pfeffer und Scharfe Sauce (Cica; Hot sauce)

Tomaten, Zwiebel, Knoblauch und Palmitos fein schneiden.

Alles miteinander vermischen und mit Salz, Pfeffer und Cica abschmecken.

Ist sehr beliebt für den Chaqueño Asado!

Klopse

½	Kg	Hackfleisch (Rind)
½		Zwiebel
		etwas grüne Paprika
		Knoblauch
1		Tomate
1		Ei
1		Kartoffel oder ein halbes

Brötchen

		Soja Soße
		Salz und Pfeffer
		Scharfe Sauce (Cica; Hot

sauce)

1	T	Haferflocken
1	T	Paniermehl (Galleta Molida)

Zwiebeln, Paprika, Knoblauch, Tomate, Eier und Kartoffeln in dem Mixer fein pürieren und mit dem Fleisch mischen. Haferflocken, Paniermehl und Gewürze dazu geben.

Alles gut durchkneten, wenn die Fleischmasse zu feucht und klebrig ist, gibt man mehr Paniermehl oder Haferflocken dazu.

Kleine Klopse formen und im heißen Fett braun braten.

Oder in einer Brotform geben und ungefähr eine Stunde im Ofen backen, nach Wunsch zuletzt mit Pomarola (Pizzasoße) bestreichen und Käse hinauf streuen.

Lebkuchen

3	T	Honig
2	T	Zucker
		abgeriebene Schale von zwei Apfelsinen und 3-4 kleinen Zitronen

Diese Zutaten in einen kleinen Topf geben und zum Kochen bringen, dann abkühlen lassen.

In einer Tasse kochendem Wasser

3	Teel	Pottasche
4	Teel	Hirschhornsalz auflösen.

1	Teel	Nelken
1	Teel	Zimt oder
1	Essl	Lebkuchengewürz
6		Eier
½	T	Öl
10	T	Mehl

zu einem Teig verrühren und zugedeckt im Kühlschrank ruhen lassen. Ausrollen und Kreise ausstechen. Auf leicht gefettetem Backblech auf mittlerer Hitze 10 Minuten backen. (Die Kuchen werden weicher, wenn man eine Blechdose mit Wasser unten in den Backofen stellt).

Glasur:

3	T	Zucker und
1	T	Wasser für 5 Minuten zu Sirup kochen.
3		Eiklar

steif schlagen und langsam den heißen Zuckersirup hinein quirlen. Ungefähr 5 Minuten schlagen. 1/2 Teelöffel Zitronensaft hinzufügen. Damit die fertigen Lebkuchen bestreichen.

Mädchen-Salat

Kohl oder Chinakohl, fein geschnitten
Karotten, geraspelt
Gurken, geschält und in Scheiben geschnitten
Paprika, entkernt und in Stifte oder Ringe geschnitten
Tomaten, in Scheiben geschnitten
Radieschen, geraspelt
Brokkoli, in Stücke geschnitten
Blumenkohl, in Stücke geschnitten

Alle Zutaten miteinander vermischen und servieren.

Milch mit Reis Pudding (Milchreis)

1	L	Milch
1	T	Reis
4	Essl	Zucker
Etwas	Zitronenschale	

Alle Zutaten in einem Topf verrühren und etwa eine Stunde über dem Wasserbad garen. Man kann es auch über niedrige Flamme vorsichtig köcheln lassen, ab und zu rühren, da es leicht anbrennt.

Neujahrskuchen

2	T	Milch
3		Eier
1	Teel	Salz
1	Essl	Hefe
1	T	heißes Wasser
1	Essl	Zucker
¼	T	Zucker
1-2	T	Korinthen
4-5	T	Mehl
¼	T	Butter

Die Hefe mit 1 Esslöffel Zucker und 1 Tasse Wasser auflösen.

Die Milch erhitzen und wieder abkühlen lassen. Dann die Hefe, Eier, Zucker und Butter dazugegeben. Danach die Korinthen hinzufügen und mit Mehl einen weichen Teig kneten und ruhen lassen.

Löffelweise im heißen Fett goldbraun braten.

Mit Glasur bestreichen. Oder mit Puderzucker bestäuben.

Oster Paska (Osterkuchen)

2	EL	Hefe
1	T	warmes Wasser
1	TL	Zucker

Hefe, Zucker und Wasser in eine große Schüssel geben und 10 Minuten gehen lassen.

1		mittlere Zitrone
1		mittlere Apfelsine

Zitrone und Apfelsine mit einem Messer oder Kartoffelschäler ganz dünn abschälen. Die weiße Schale darf nicht verwendet werden, da sie sehr bitter ist. Die Schale in den Mixer geben. Dann die weiße Schale (Haut) entfernen und nur das Fruchtfleisch der Früchte ebenfalls in den Mixer geben.

1 ¼	T	Milch
1/2	T	Butter

Beides in einen kleinen Topf geben und nur so lange erhitzen, bis die Butter geschmolzen ist. Dieses gießt man auch in die Mixer hinein. Dann püriert man die Mischung kurz.

2		große Eier
¾	T	Zucker
1	TL	Salz

Diese Zutaten auch in den Mixer geben und glatt pürieren, 2-3 Minuten lang. Diese Mischung sollte 4 ½ Tassen ergeben. Dann zusammen mit der Hefemischung in eine große Schüssel geben. Jetzt gibt man jeweils eine Tasse Mehl auf einmal dazu, vermischt und knetet den Teig. Es werden ungefähr 7 Tassen Mehl benötigt, bis der Teig glatt und weich ist. Wenn der Teig nicht mehr am Rand der Schüssel klebt, ist er fertig. Den Teig auf eine bemehlte Arbeitsfläche geben und 8-10 Minuten kneten. In die Schüssel zurückgeben und mit Plastikfolie abgedeckt eine Stunde gehen lassen. Nochmals etwas kneten und weitere 10 Minuten gehen lassen.

Man fettet nun 4-5 Brotformen ein und formt Laibe aus dem Teig. In der Form eine Stunde gehen lassen. Auf mittlerer Hitze etwa 20 Minuten backen. Vollständig abkühlen lassen.

Glasur:

1	T	weiche Butter
4		Eiweiß
		Vanille
		Puderzucker, genug um eine weiche Glasur zu machen.

Dieses wird auf die abgekühlte Paska gestrichen und mit bunten Zuckerperlen bestreut.

Pfefferminzplätzchen 1

1 ½	T	Zucker
¾	T	Pflanzenfett
1	T	saure Sahne
½	T	Milch
2	Essl	Hirschhornsalz
2		Eier
		eine Prise Salz
20		Tropfen Pfefferminz (Mentatropfen)

Alle Zutaten zusammenrühren, Teig ausrollen, Plätzchen ausstechen und goldgelb backen.

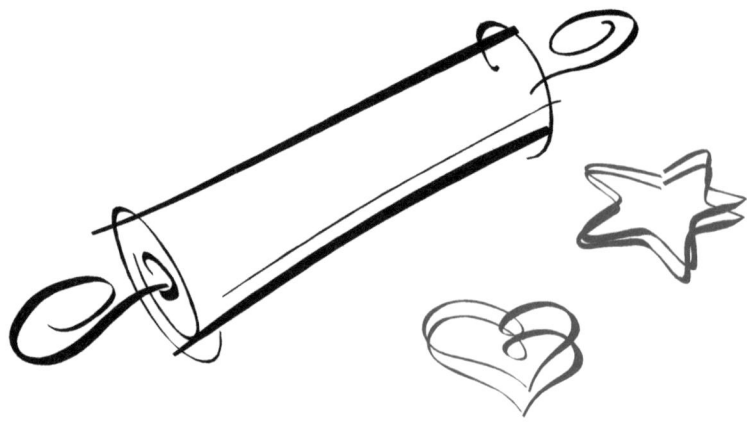

Pfefferminzplätzchen 2

2	T	Zucker
2		Eier
1	T	Saure Sahne
½	T	Öl
½	T	Milch
2	Teel	Hirschhornsalz
4 ½	T	Mehl
2	Teel	Backpulver
¼	Teel	Salz
1	Teel	Pfefferminztropfen

Eier und Zucker verquirlen, dann saure Sahne und Öl dazu schlagen. In einer Tasse Hirschhornsalz und Milch zusammen auflösen und in die erste Mischung hineingießen. Pfefferminztropfen dazugeben. Gut schlagen. Salz, Backpulver und Mehl hinein geben und gut rühren. Der Teig sollte noch etwas weich sein. Den Teig über Nacht im Kühlschrank ruhen lassen.
Am nächsten Tag rollt man den Teig ca. ¾ cm dick aus und sticht runde Plätzchen aus. Diese legt man auf ein leicht gefettetes Backblech. Bevor man mit dem Backen beginnt, stellt man ganz unten im Backofen eine Blechdose mit Wasser hinein. Dann bleiben die Kuchen schön weich. Die Kuchen sollte auf mittlerer Hitze 8-10 Minuten gebacken werden und sollten fast weiß bleiben.
Mit Puderzuckerguss streichen. Dem Guss kann man auch mit ein paar Tropfen Pfefferminzöl und ein paar Tropfen blauer oder grüner Speisefarbe eine besondere Note geben.

Pfeffernüsse

1	T	Butter
2	T	Zucker
1	T	saure Sahne
1 ½	T	Sirup (Melasse)
1	Teel	Backsoda
½	Teel	Salz
1	Essl	Lebkuchengewürz
1	Essl	Sternanis, gemahlen
1	Essl	Zimt
		Vanille
9	T	Mehl

Butter und Zucker cremig schlagen, dann die Sahne und den Sirup dazugeben und verquirlen. Backsoda, Salz und die Gewürze hinein rühren. Dann das Mehl hinein rühren und zuletzt den Teig kneten, bis es ein geschmeidiger und glatter Teig ergibt. Über Nacht im Kühlschrank ruhen lassen. Am nächsten Tag formt man fingerdicke Rollen und schneidet davon kleine Stücke ab. Die Pfeffernüsse auf ein leicht gefettetes Blech legen und auf mittlerer Hitze backen. Man kann die Hitze auch niedriger Stellen und die Kekse eher langsam rösten als backen, wenn man will. Im geschlossenen Behälter halten diese Kekse sehr lange.

Pluschki (Süße Hefebrötchen)

3	Essl	Hefe
3	T	Milch
1	T	Zucker
¾	T	Öl
2		Eier
6		Eigelb
		Zitronenschale
		Vanille
		Salz
		Mehl zum Auskneten

Die Hefe mit etwas Zucker und der warmen Milch etwas stehen lassen, dann die Eier und den Zucker reinrühren, dann das Öl, die Zitronenschale und Vanille, zuletzt etwas Salz und so viel Mehl hinein kneten, dass der Teig nicht mehr klebt. Etwa eine Stunde gehen lassen oder bis der Teig sich verdoppelt hat, dann kleine Pluschki auf das leicht eingefettete Blech legen und nochmal gehen lassen.
Backen.
Nach dem Backen mit einer Puderzuckerglasur bestreichen.

Rollkuchen

4		Eier, gut schlagen
1	T	Sahne
½	Teel	Salz
3	Teel	Backpulver
		Mehl

Alle Zutaten zu einem Teig verarbeiten, ausrollen, mit einem Pizzaschneider, Rollenschneider oder Messer Rollkuchen schneiden und dann im heißen Fett braten.

Sauer eingelegte Gurken

3	Kg	Gurken
1	Essl	Salz
1	Essl	Zucker
2		Knoblauchzehe
3	Essl	Salz
5		Pfefferkörner
¼		Zwiebeln
		Dill
2		rote Pfefferschoten
3	T	Wasser
1 ½	T	Essig

Die rohen Gurken werden gewaschen und in Stücke geschnitten. Dann werden die Gurken in einem Topf gefüllt, 1 Esslöffel Salz und 1 Esslöffel Zucker dazugegeben und so viel heißes Wasser, dass die Gurken untergehen. Etwas stehen lassen auf der Flamme, aber nicht kochen lassen.

In einem 3 Liter Gurkenglas die Gewürze und die Gurken einfüllen.

In einem kleinen Topf werden 3 Tassen Wasser und 1 ½ Tassen Essig aufgekocht, und dann in die Gläser gegossen.

Die Gläser fest verschließen, nach ungefähr drei Tagen kann man die sauren Gurken schon essen.

Sauer eingelegte Rinderzunge

Eine Rinderzunge etwa zwei Stunden kochen lassen.

Abtropfen und etwas abkühlen lassen. Die Zunge schält man nun ab und beschneidet das dicke Ende etwas. Dann schneidet man die Zunge in 1 cm dicke Scheiben.

Die Scheiben werden in 3 Tassen Wasser und 1 Esslöffel Salz aufgekocht. Dann gibt man ½ Tasse Essig dazu und füllt das Fleisch in Gläser.

Die Gläser 2 Tage im Kühlschrank aufbewahren, dann kann man die Zunge servieren.

Sauer eingelegte Wassermelone

		Wassermelone, in Würfel geschnitten
2 -3		Zitronen
½		sehr scharfe Pfefferschote
1	Essl	Salz
2		Knoblauchzehen

Alles miteinander verrühren und im Kühlschrank eine Stunde ziehen lassen.

Sirup-Plätzchen

1	T	Zucker
1	T	Sirup
1	T	Sahne
½	T	Butter
2		Eigelb
1	Teel	Backsoda
1	Teel	Backpulver
2	Teel	Hirschhornsalz
1	Teel	Sternanis
1	Teel	Zimt
1	Teel	geriebene Zitronenschale
5	T	Mehl (ungefähr)

Kuchenteig herstellen, für einige Stunden im Kühlschrank stellen.
Den Teig dick ausrollen, runde Plätzchen ausstechen und backen.

Weiße Glasur:

1		Eiweiß
1	T	Puderzucker
		etwas Zitronentropfen
		heiße Milch

Eiweiß steif schlagen, den Puderzucker und die Zitronentropfen dazurühren, dann soviel heiße Milch bis es alles schön aufgelöst ist. Die Plätzchen damit von allen Seiten bestreichen und trocknen lassen.

Spritzkuchen

2	T	Butter, weiche
2	T	Zucker
5-6		Eier
4	Teel	Backpulver
1	Teel	Salz
		Vanille
2	T	Maizena
5	T	Mehl

Butter und Zucker miteinander verquirlen. Die Eier einzeln hinein quirlen. Backpulver, Salz und Vanille dazugeben und dann Maizena und Mehl. Zuletzt rührt man den Teig mit einem großen Löffel. Der Teig lässt sich leichter verarbeiten, wenn man ihn für etwa 1 Stunde im Kühlschrank oder Gefriertruhe stellt. Der Teig wird dann portionsweise durch eine Fleischmaschine mit Spritzkuchenaufsatz gedreht und die Kuchen dann auf leicht gefettete Backbleche gelegt. Auf mittlerer Hitze goldgelb backen.

Man kann einen Teil der Butter mit Erdnussbutter ersetzen für eine Abwandlung dieser leckeren Kekse. Oder die gebackenen Kekse an einem Ende in geschmolzene Schokolade eintauchen und fest werden lassen.

Stollen nach mennonitisch-paraguayischer Art

Teig:

1 ½	T	Sahne
½	T	Milch
¾	T	Öl
1		Ei
2	Teel	Backpulver
1	Teel	Salz
1 ½	Essl	Zucker
		Mehl

Füllung:
Sauerampferblätter, feingeschnitten

2	T	Zucker
¾	T	Mehl

Die Zutaten für die Füllung vermischen.

Alle Teigzutaten zu einem weichen Teig zusammenrühren. Teig dünn ausrollen und in 20 cm breite Streifen schneiden. 1/3 des Streifens mit Sauerampferblättern belegen, etwas von der Zucker-Mehl-Mischung drüberstreuen, beide Seiten des Teigstreifens über die Füllung zusammendrücken. Auf mittlerer Hitze backen bis goldbraun.

Man kann den Stollen auch mit Streifen von Dulce de Guayaba (Gelee aus Guavenmarmelade) belegen, zudrücken und backen)

Verenike

Teig:

6		Eier
6	Essl	Milch
		Salz
		Mehl

Alles zu einem nicht zu harten Teig verarbeiten.

Füllung:

1	T	Quark
1		Ei
1	Teel	Salz
½	Teel	Pfeffer

In einer kleinen Schüssel Quark, Ei, Salz und Pfeffer verrühren. Den Teig ausrollen, in Vierecke schneiden, mit Quark füllen und an den Rändern zusammen drücken. Im heißen Salzwasser gar kochen.

Sahnesoße: *

200	ml	Sahne
300	ml	Milch
1	Essl	Mehl
1	Teel	Salz
½	Teel	Pfeffer

Die Sahne aufkochen. Milch, Mehl, Salz und Pfeffer zusammenrühren und in die kochende Sahne geben. Unter ständigem Rühren einmal aufkochen lassen.

Zwieback (Milch-Brötchen)

1	L	Milch, aufkochen
200	Gr	Butter, in der aufgekochten

Milch schmelzen lassen
Dieses lässt man abkühlen, bis es etwas
wärmer als lauwarm ist.

2	Essl	Hefe
1	Essl	Zucker
½ - 1	T	lauwarmes Wasser

Hefe und Zucker in einer großen Schüssel mit dem Wasser für 10 Minuten gehen lassen. Wenn man Instant-Hefe benutzt, muss es nur für ein paar Minuten gehen.

Die lauwarme Milch wird mit
2   Essl   Salz
in die Hefemischung gegeben.

Man rührt und gibt immer wieder Mehl dazu, bis man den Teig gut kneten kann. Etwas Öl dazugeben erleichtert das Kneten. Der Teig wird für 5-10 Minuten geknetet. Mit einem sauberen Handtuch abdecken und an einen warmen Ort eine Stunde (geht auch länger wenn es kaltes Wetter ist) gehen lassen. Backbleche werden etwas eingeölt und dann drückt man Zwieback ab (ungefähr 5-6 cm im Durchmesser) und legt sie aufs Blech.
Die Zwiebackteiglinge dürfen auf dem Blech bis zu 45 Minuten gehen, dann im vorgeheiztem Ofen aufs Höchststufe ca. 12 Minuten backen.

Abwandlung:

Grauer Zwieback

1	Kg	Roggenmehl
1	Kg	Kafirmehl (ggf. auch durch Roggenmehl ersetzen)
1	Kg	Weizenmehl, grob gemahlen

Die Mehlsorten vermischen.

Für ein Rezept Zwieback nimmt man:
2	T	Mehlmischung (wie oben beschrieben)
½	T	Sesam
½	T	Germen de trigo (Weizenkeime)
½	T	Sonnenblumenkerne
½	T	Leinsamen

Dieses gibt man anstelle des weißen Mehles hinein, und gibt nachher nur so viel weißes Mehl dazu, wie man braucht, um einen Teig zu kneten.

Man kann zum Aufbewahren der Mischung immer 2 Tassen Mehl in einer Tüte geben und in der Gefriertruhe aufbewahren.

Snacks

Gottes Antwort ist nur ein Gebet entfernt.
Merk es dir! Du kannst nirgendwo hingehen, wo Gott nicht schon ist.
Er ist da, wenn du allein bist, wenn du umsiedeln musst, wenn du durch
schwere Zeiten gehst, wenn keiner zu dir hält, und wenn du krank bist.
Denn in Matthäus 28,20 steht:
Lehrt sie, so zu leben, wie ich es euch aufgetragen habe.
Ihr dürft sicher sein:
Ich bin immer und überall bei Euch,
bis an das Ende dieser Welt.

Dass du *Angst* hast, bedeutet nicht, du hast keinen Glauben.
Angst besucht jeden. Aber mach die *Angst* zu einem Gast
und nicht zu einem Mitbewohner.
Hat *Angst* nicht schon genug genommen?
Genug Lächeln?
Genug Lachen?
Erholsame Nächte und ausgelassene Tage?
Begegne deine Angst mit Glauben.

Brötchen mit Wurstfüllung

Teig:

1 ½	T	Haferflocken
3	T	Kafir- oder Weizenschrot
3	T	Mehl
2	Essl	Zucker
1	Teel	Salz
2	Essl	Instant Hefe
¼	T	Öl
4	T	gut warmes Wasser

Aus allen Zutaten einen weichen Teig machen und ca. 10 Minuten kneten. Den Teig für 20 Minuten gehen lassen.

Füllung:
Bauernwurst in 64 Stückchen schneiden.
Käse in 64 Stückchen schneiden.
Senf (nach Belieben)

Den Teig teilt man nun in 64 gleich große Stücke.
Man glättet ein Stück, streicht etwas Senf hinauf, legt ein Stück Wurst und Käse hinein und verschließt die Kanten des Teiges, damit die Füllung nicht zu sehen ist.

Diese legt man dann mit der Naht nach unten aufs Blech. Etwa eine halbe Stunde gehen lassen, dann auf mittlerer Hitze etwas 25-30 Minuten backen.

Gefüllte Frühstücks-Pfannkuchen

1	Essl	Butter
1		mittelgroße Kartoffel, fein gewürfelt
1		grüne Paprika, entkernt und fein gewürfelt
4		Scheiben Speck, gebraten und zerkleinert
8		Eier, leicht geschlagen
		Salz und Pfeffer, nach Geschmack
4		Tortillas (aus dem Supermarkt oder einfache dünne Pfannkuchen)
100	Gr	geriebener Käse
½	T	Pomarola (Pizzasoße)
		etwas zerkleinertem Zwiebellauch

Die Butter in einer Pfanne bei mittlerer Hitze schmelzen und darin die Kartoffel und Paprika braten, bis sie gar sind. Eier und Speck dazugeben, umrühren und braten bis sie fest sind. Die Eimasse in 4 Teile teilen.

Eine Tortilla wird nun mit einem Teil Eimasse, Käse, Pomarola und Zwiebellauch gefüllt. Die anderen Tortillas genauso füllen.

Gefüllte Pfannkuchen

Pfannkuchen:

1	T	Mehl
1	Teel	Salz
2	T	Milch
6		Eier
6	Essl	Butter oder Margarine, geschmolzen

Füllung:

150	Gr	Bauernwurst
1		Scheibe Zwiebel, in kleine Würfel geschnitten
1		Ei
¾	T	fein geriebene Käse
2	Essl	Sahne
1/8	Teel	je Salz und Pfeffer

In einem Mixer (es geht aber auch mit dem Handrührgerät) eine Tasse Milch, Eier, Mehl und Salz miteinander verquirlen. Dann gibt man die restliche Milch und die Butter dazu und quirlt es glatt.
Den Teig lässt man 1 Stunde im Kühlschrank ruhen.
Die Bauernwurst schneidet oder verkrümelt man in kleine Stücke und brät es mit den Zwiebelstückchen durch.
In einer Schüssel schlägt man das Ei etwas und gibt dann Wurst, Zwiebel, die Hälfte des Käses, Sahne, Salz und Pfeffer dazu.

Die Pfannkuchen jetzt in einer leicht gefetteten Pfanne dünn ausbacken und mit ca. 2 Löffeln der Masse gefüllt und aufgerollt. Die Rollen legt man in eine leicht gefettete Glas-Backform und streut den übrigen Käse darauf. Dieses für 15-20 Minuten backen.

94

Huevos Rancheros

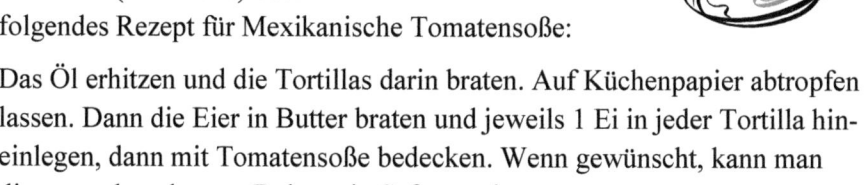

4	Essl	Pflanzenöl
8-12		Mais-Tortillas
8-12		Eier
Butter		
Pomarola (Pizzasoße) oder		
folgendes Rezept für Mexikanische Tomatensoße:		

Das Öl erhitzen und die Tortillas darin braten. Auf Küchenpapier abtropfen lassen. Dann die Eier in Butter braten und jeweils 1 Ei in jeder Tortilla hineinlegen, dann mit Tomatensoße bedecken. Wenn gewünscht, kann man dieses auch zu brauen Bohnen in Soße servieren

Mexikanische Tomatensoße:

2	Essl	Pflanzenöl
1		kleine Zwiebel, fein gehackt
1		Knoblauchzehe, fein gehackt
2		große Tomaten, geschält, entkernt und gehackt
½	Teel	Zucker
Salz, frisch gemahlener Pfeffer nach Geschmack		
gehackte rote Pfefferschote, nach Geschmack		

Das Öl in eine Pfanne geben und die Zwiebel und Knoblauch braten, bis sie weich, aber nicht braun sind. Die restlichen Zutaten dazugeben und bei schwacher bis mäßiger Hitze 20 Minuten lang unter gelegentlichem Rühren dünsten. Warm oder kalt servieren.

Mini Fleischbrot

½	T	feingehackte Zwiebeln
½	T	feingehackte Paprika
½	T	Paniermehl (Galleta molida)
¼	T	Pomorola (Pizzasoße)
1		Ei
700	Gr	Hackfleisch (Rind)
		Ketchup

Alle Zutaten außer Ketchup miteinander verkneten. Jeweils eine halbe Tasse der Mischung in eingefettete Muffinformen füllen. Auf mittlerer Hitze gar backen und mit Ketchup garnieren.

Panchos am Stiel

¾	T	Maismehl
¾	T	Mehl
1	Teel	Backpulver
¼	Teel	Salz
1		Ei
2/3	T	Milch
		Schaschlik-Stäbchen
10		Panchos (Würstchen)
		Öl zum Braten

In einer Schüssel Maismehl Mehl, Backpulver, Salz und Ei miteinander vermischen, Milch dazu geben und einen dicklichen Teig daraus machen.

4 Minuten stehen lassen.

In jedes Würstchen ein Stäbchen längs hinein spicken. Das Würstchen in den Teig tauchen und in heißem Öl goldbraun ausbacken.

Mit Ketchup und Mayonnaise servieren.

Gut für Kindergeburtstage geeignet!

Pfannkuchen

1	T	Mehl
2	Essl	Zucker
2	Teel	Backpulver
½	Teel	Salz
1	T	Milch
2	Essl	geschmolzene Butter oder Öl
1		großes Ei
1	Essl	Öl

In einer Schüssel Mehl, Zucker, Backpulver und Salz vermischen. In einer anderen Schüssel Milch, Butter und Ei verrühren. Die trockenen Zutaten hinzufügen und nur so lange rühren bis alles angefeuchtet ist.

Eine Pfanne erhitzen und mit einer Serviette das Öl in der Pfanne verteilen.

Für jeden Pfannkuchen 2-3 Esslöffel Teig in die Pfanne geben und mit einem Löffel leicht verteilen

Auf beiden Seiten goldgelb ausbacken.

Pizzabrötchen

12		große Brötchen
4		Würstchen, abgeschält
100	Gr	Käse
½	Dose	Mais
½	T	Pomarola (Pizzasoße)
	oder	
½	T	Tomatenmark mit
2	Essl	fein geschnittene Zwiebeln und Paprika
		Oregano

Die Würstchen in der Fleischmaschine zerkleinern.
In einer Schüssel die Würstchen mit dem Käse vermengen und Mais dazugeben. Wenn man nicht Fertig-Pizzasoße (Pomarola) verwenden will, brät man die Zwiebel und Paprika mit etwas Öl an und gibt das Tomatenmark und den Oregano dazu. Dieses dann in die Würstchenmischung geben.

Die Brötchen aufschneiden und mit der Masse bestreichen.

10 Minuten auf mittlerer Hitze im Ofen backen.

Riesensandwich

1		langes Brot
3-4	Essl	Mayonnaise
2	Essl	weiche Butter
1	Essl	Senf
10		Salatblätter
5		Scheiben Wurst, nach eigener Wahl
10		Scheiben Salami Wurst
20		Scheiben (2 verschiedene Sorten) Scheibenkäse
10		Scheiben Paprika (Locote) in dünne Ringe geschnitten

Das Brot in 22 Scheiben schneiden, aber nicht ganz durch. (So dass es unten noch zusammenhält), In einer kleinen Schüssel werden Mayonnaise, Butter und Senf vermischt. Dieses wird auch jede zweite Brotscheibe gestrichen.

Nun legt man zwischen jede zweite Scheibe: ein Salatblatt, eine halbe Scheibe Wurst, eine Scheibe Salami, eine Scheibe Sandwich-Käse, eine Scheibe Mozzarella-Käse und einen Paprikaring.

Bis zum Verzehr kaltstellen.

Sesam-Käse-Stangen

2	T	Mehl
½	T	gerösteter Sesam
1	Teel	Backpulver
2	Teel	Salz
2		Eier
1	T	Käse
		Sahne zum Auskneten

Aus den Zutaten wird ein Teig gemacht. Wenn der Teig zu trocken ist, gibt man noch etwas Sahne dazu, um ihn besser kneten zu können.

Den Teig ausrollen, in dünne Streifen schneiden und goldgelb backen.

Speck-Maismehl-Waffeln

1	T	Mehl
1	T	Maismehl
1	Essl	Zucker
2 ½	Teel	Backpulver
½	Teel	Salz
2		Eier, leicht geschlagen
1 ¾	T	Milch
4	Essl	Butter, geschmolzen
6		dünne Scheiben Speck, halbiert

Die trockenen Zutaten werden miteinander gesiebt. Eier, Milch und geschmolzene Butter hinein rühren, aber übermäßiges Rühren vermeiden.

Den Teig portionsweise in das angeheizte Waffeleisen geben und auf jede Waffel ein Stück Speck legen.

Die Waffel ausbacken.

Suppen und Gemüse

Zwei Stimmen ringen um deine Aufmerksamkeit heute.
- Negative füllen dein Herz mit **Zweifel,**
  - Bitterkeit und Angst.
- Positive liefern **Hoffnung** und **Kraft.**
Du hast die Wahl, entscheide DICH!

Die Waffen, mit denen ich kämpfe, sind die Waffen Gottes. Sie sind mächtig genug, jede Festung zu zerstören, jedes menschliche Gedankengebäude niederzureißen, einfach alles zu vernichten, was sich stolz gegen Gott und seine Wahrheit erhebt. Alles menschliche Denken nehmen wir gefangen und unterstellen es Christus.

2. Korinther 10,5

Champignon (Pilz)Creme Suppe

½	L	Hühnerbrühe (1/2 Maggiwürfel + 2 Tassen ko chendes Wasser)
1	T	kaltes Wasser
100	Gr	Butter
2	Essl	Mehl
½	T	Sahne (oder ¼ Sahne + 1 Eigelb)
250	Gr	Pilze aus der Dose (Champignons)

Butter im Topf zergehen lassen und mit dem Mehl eine helle Einbrenne machen. Mit kaltem Wasser ablöschen und mit heißer Brühe aufgießen. Etwas aufkochen lassen, die Sahne und Pilze dazugeben und mit Fondor (Salz, Pfeffer) abschmecken.

Die Cremesuppe eignet sich als Vorspeise oder kleine Mahlzeit. Man kann anstelle der Pilze auch gekochtes Hühnerfleisch nehmen.

Frühlingssalat (Coleslaw)

6	T	zerkleinerter Weißkohl
4		mittlere Karotten, gerieben
4		Selleriestangen, gehackt (nach Wunsch)
½	T	grüne Paprika (Locote), klein gewürfelt
½	T	Zwiebeln, klein gewürfelt
½	T	Essig
¼	T	Öl
¼	T	Zucker
1 ½	Teel	Salz
¼	Teel	Pfeffer
¼	Teel	Paprikapulver (roter Pfeffer)

Alles miteinander verrühren und gut mit den Händen durchkneten. Im Kühlschrank vor dem Servieren mindestens 1 Stunde ziehen lassen.

Gemischtes Gemüse

1	mittl.	Dose Erbsen
½	Kg	Karotten
1	mittl.	Dose Palmitos (Palmherzen)
1	Essl	Butter
1	Essl	Mehl
		Salz, Pfeffer, Zucker, Petersilie, Fondor

Karotten putzen, in mitteldicke Scheiben schneiden und in Salzwasser, mit einer Prise Zucker, bissfest kochen. Butter in einem Topf erhitzen und mit dem Mehl leicht anschwitzen. Mit dem Gemüsewasser der Erbsen und eventuell der Karotten ablöschen. Karotten, Erbsen und die etwas kleiner geschnittenen Palmitos hineingeben, mit Salz, Pfeffer und Fondor abschmecken. Zum Schluss fein gehackte Petersilie überstreuen.

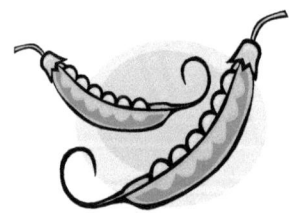

Gurkensalat

3	rohe	Gurken
½	Teel	Dill
1	Teel	Petersilie
		Salz, Pfeffer
2	Essl	Essig
½	Teel	Zucker

Gurken gut waschen und mit der Schale in Scheiben hobeln.
Alle übrigen Zutaten unterrühren.

Kartoffel-Speck-Suppe

12		Streifen Speck, gewürfelt
2		mittelgroße Zwiebeln, gehackt
2		Stangen Sellerie, in Scheiben geschnitten
12		mittelgroße Kartoffeln, geschält und gewürfelt
1/3	T	Butter
1	T	Mehl
8	T	Milch
2		mittelgroße Karotten, n dünnen Scheiben
1	Essl	Salz
1	Teel	Pfeffer

Eine große Pfanne erhitzen und den Speck bei mittlerer Hitze knusprig braten. Den Speck herausnehmen und auf Papierservietten/Küchenpapier abtropfen lassen. Zwiebeln und Sellerie in derselben Pfanne anbraten, bis sie weich sind. Abtropfen lassen.

Die Kartoffeln in einen großen Topf geben, mit Wasser bedecken und zum Kochen bringen. Hitze reduzieren, zudecken und kochen, bis sie weich sind. Absieben und die Kartoffel beiseite stellen. In dem gleichen Topf die Butter schmelzen. Mehl einrühren und nach und nach die Milch hinein rühren. Bei mittlerer Hitze zum Kochen bringen und ungefähr 2 Minuten unter ständigem Rühren kochen lassen, bis die Masse eingedickt ist.

Hitze reduzieren, die Zwiebel-Mischung, Kartoffeln, Karotten hinzufügen und mit Salz und Pfeffer würzen. Weitere 10 Minuten kochen oder bis die gesamte Suppe erhitzt ist. Den Speck hinzufügen und umrühren. Ergibt 12-14 Portionen.

Marinierte Tomaten

8		mittelgroße Tomaten
¼	T	Olivenöl
¼	T	zerkleinerte Petersilie
2	Essl	Essig
2	Teel	Senf (nicht Pulver)
1		Knoblauchzehe, ganz klein geschnitten
1	Teel	Salz
1	Teel	Zucker
¼	Teel	Pfeffer

Die Tomaten in Scheiben oder in Stücke schneiden.
Alle übrigen Zutaten miteinander verrühren. Diese Marinade gießt man über die Tomaten und lässt sie 4 Stunden oder über Nacht im Kühlschrank ziehen.

Süßgebäck

Wenn die Probleme des Lebens

drohen dich zu überwältigen,

nimm diesen Rat von Petrus an:

Überlasst alle eure Sorgen Gott,
denn er sorgt für Euch.

1. Petrus 5, 7

Alfajores (Gefüllte Kekse)

1	T	Butter
1	T	Zucker
3		Eier
		Vanille
½	Teel	Salz
1	Teel	Zitronenschale
3	Teel	Backpulver
2	Essl	Schnaps (Cognak oder Whisky, wenn man hat)
2	T	Speisestärke
1½ -2	T	Mehl
		Dulce de Leche (oder Karamellcreme)
		Kokosflocken

Butter und Zucker cremig quirlen. Eier hinzufügen. Vanille, Salz, Schnaps, Zitronenschale und Backpulver dazu quirlen. Speisestärke und so viel Mehl hinzutun, bis es einen geschmeidigen Teig gibt. Für eine Stunde in den Kühlschrank stellen. Teig ausrollen und Kreise ausstechen.

Auf mittlerer Hitze goldgelb backen.

Jeweils zwischen 2 Kekse einen Löffel Dulce de Leche geben, zusammen-drücken und den Rand in Kokosflocken rollen.

Apfel Pai im Blech

Streusel:

1	T	Mehl
1	T	Nüsse, gehackt
½	T	brauner Zucker
½	T	weiche Butter
Etwas		Vanille
1	Teel	Zimt

Mürbeteig:

3	T	Mehl
1/3	T	Zucker
¼	Teel	Salz
1	T	kalte Butter

Apfelfüllung:

3	Essl	Butter
4		Äpfel, geschält und in kleine Stücke geschnitten
¾	T	Korinthen
½	T	brauner Zucker
¾	Teel	Zimt
1 ½	Essl	Speisestärke
2	Essl	Zitronensaft

Ofen auf mittlerer Hitze vorheizen. Ein Blech (38 X 26cm) einfetten und bereitstellen. Die Zutaten der Streusel miteinander vermischen, einen Ball daraus formen und in den Kühlschrank stellen.

Für den Teig vermischt man Mehl, Zucker und Salz und schneidet die Butter hinein. Der Teig wird mit den Händen gut verknetet, bis die Butter fest eingearbeitet ist. Der Teig sollt Streusel ähneln. Dieses auf das Blech schütten und fest hineindrücken. Für ca. 20- 25 Minuten backen.

Füllung
In einem Topf die Butter schmelzen und dann die Apfelstücke, Korinthen, Zucker und Zimt hinzufügen und für ca. 15 Minuten gar köcheln. In einer kleinen Schüssel verrührt man die Speisestärke, den Zitronensaft und 1 Esslöffel Wasser und verrührt alles. Dieses gibt man zu den Äpfeln und kocht es weiter, bis die Masse angedickt ist. Die Füllung gibt man sofort auf den noch warmen gebackenen Paiteig. Die Streusel über den Pai in kleinere Stücke zerbröckeln. Den Pai nochmals für 30 Minuten backen.

Bananen-Karotten-Kuchen

2	T	Mehl
1	T	Zucker
1	Teel	Backpulver
½	Teel	Salz
½	Teel	Zimt
2		Eier
1	T	zerdrückte, reife Bananen
1/3	T	Öl
1	T	geriebene Karotten
½	T	Pekannüsse

In einer großen Schüssel Mehl, Zucker, Backpulver, Salz und Zimt vermischen.

In einer anderen Schüssel die Eier mit den Bananen und dem Öl verquirlen, dann langsam zu der Mehlmischung geben, aber nur solange rühren, bis es gut vermischt ist. Zuletzt die Karotten und die Nüsse unterheben.

In eine eingefetteten Kastenform füllen und ungefähr eine Stunde backen.

Bananenpudding-Pai

Pai Teig:

¼	T	Butter
¼	T	Pflanzenfett
1 ¼	T	Mehl
1	Essl	Zucker
¼	Teel	Salz
1		Eigelb
2	Essl	Eiswasser
½	Teel	Essig

Füllung:

2/3	T	Zucker
¼	T	Speisestärke
¼	Teel	Salz
2 ¾	T	Milch
4		Eigelb
1	Essl	Butter
		Vanille
2		Bananen
Ggf.		Schlagsahne

Aus den oberen Zutaten einen Teig machen, in ein Blech drücken und auf mittlerer Hitze gar backen.

Zucker, Speisestärke und Salz in einen Topf sieben. Die Milch und die Eigelbe einrühren. Mit dem Schneebesen ständig rühren und die Mischung zum Kochen bringen. Wenn der Pudding angedickt ist, vom Herd nehmen und die Vanille und die Butter hinein geben und glattrühren. Die Bananen in Scheiben schneiden und auf den Teig legen. Den heißen Pudding darauf gießen und kalt stellen. Vor dem Servieren nach Belieben mit Schlagsahne bestreichen.

Beignets (Gebratene Klekskuchen)

½	T	Wasser
4	Essl	Butter
2	Essl	Zucker
½	T	Mehl
4		Eier
1	Teel	Vanille
½	Teel	geriebene Zitronen- oder Apfelsinenschale
¼	Teel	Muskatnuss, gemahlen
		Puderzucker, zum Bestreuen
		Öl

Wasser, Butter, Zucker und Mehl in   einem Topf geben und bei schwacher Hitze zum Kochen bringen. Der Teig
wird ungefähr 5 Minuten gerührt, bis er einen Ball ergibt. Vom Herd nehmen.

Die Eier einzeln dazuschlagen; nach jedem Ei den Teig glatt rühren.
Vanille, Zitronenschale und Muskatnuss dazugeben und glatt rühren. In
einem kleinen Topf oder einer tiefen Pfanne reichlich Öl erhitzen - wie bei
Donuts. Löffelweise den Teig in das heiße Öl geben und die Kuchen gold-
gelb von beiden Seiten braten. Auf Küchenpapier abtropfen lassen und mit
Puderzucker bestreut sofort servieren.

Biscotti (Röstkekse)

2 ½	T	Mehl
1	T	Zucker
2		Eier
½	T	grob gehackte Mandeln, Haselnüsse, Walnüsse
oder Pekannüsse		
1	Teel	Backpulver
¼	Teel	Salz

Alle Zutaten miteinander verrühren bzw., wenn der Teig zu hart wird, mit den Händen kneten, bis alles miteinander vermischt ist.
Der Teig wird in 4 Teile geteilt und jedes Teil zu einer Rolle geformt.

Pro eingefettetes Backblech 2 Rollen legen und bei mittlerer Hitze ca. 30 Minuten backen.
Aus dem Ofen nehmen und in 1 cm dicke Scheiben schneiden. Die Scheiben zurück auf das Blech legen und noch einmal für etwa 10-15 Minuten rösten.

Diese Kekse kann man in einem luftdichten Gefäß eine gute Weile aufbewahren.

Sie schmecken ausgezeichnet zu Kaffee.

Bunte Torte

2	T	Süße Kekse, gemahlen
½	T	geschmolzene Butter
½	T	Zucker

Die Zutaten gut vermischen und auf ein eingefettetes Backblech geben.
Kühl stellen.

1		Päckchen Apfelsine oder Pfirsich Götterspeise
1		Päckchen Zitrone oder grüner Apfel Götterspeise
1		Päckchen Kirsch-, Himbeer- oder Erdbeer-Götterspeise
3	T	kochendes Wasser
1	Essl	Gelatine (in Pulver oder als Blatt)
¼	T	kaltes Wasser
1	T	heißer Ananassaft oder etwas Zitronensaft, mit Wasser gemischt
2	T	Sahne
		Vanille
½	T	Zucker

Jedes Päckchen Götterspeise einzeln in einer Tasse heißem Wasser auflösen. In drei leicht gefettete tiefe Teller hineingießen und im Kühlschrank fest werden lassen. Diese in 1 ½ cm große Würfel schneiden und kühl stellen.

Die Gelatine in ¼ Tasse kaltem Wasser aufquellen lassen, dann mit heißem Saft auflösen. Solange kühlen, bis sie anfängt, fest zu werden.

Die Sahne schlagen und langsam den Zucker einrieseln lassen. Vanille dazugeben. Die Gelatine mit Saftmischung vorsichtig unterheben, dann die farbigen Gelatinewürfel unterheben.

Vorsichtig diese Mischung auf den Kuchenboden gießen.

Mindestens 6 Stunden im Kühlschrank fest werden lassen.

Capuccino Biscotti

Biscotti ist ein gerösteter Keks, dessen Ursprung in Italien ist. Sie werden gerne zum Kaffee serviert. Diese Kekse werden zweimal gebacken.

2	T	Mehl
1	T	Zucker
1/3	T	zerkleinerte Nüsse (Wal- oder Erdnüsse)
¼	T	Kakao
½	Teel	Backpulver
½	Teel	Backsoda
½	Teel	Salz
½	Teel	Zimt
2	Teel	Kaffeepulver
2	Teel	kochendes Wasser
¼	Teel	Vanille
2		Eier
1		Eiklar

Die ersten acht Zutaten in einer Schüssel verrühren.

In einer anderen Schüssel den Kaffee in kochendem Wasser auflösen.

Vanille, Eier und Eiklar dazu rühren und dieses in die Mehlmischung geben. Alles miteinander verrühren.

Den Teig auf eine leicht mit Mehl bestäubte Arbeitsfläche geben und etwas kneten. Danach in eine 30cm lange, leichte platte (2,5cm) Rolle formen und auf mittlerer Hitze für 30 Minuten backen. Die Rolle lässt man 10 Minuten abkühlen.

Nun schneidet man 1cm dicke Scheiben und legt diese wieder auf das Blech und backt nochmals 10 Minuten, dreht die Scheiben einmal backt die zweite Seite ebenfalls für 10 Minuten. Etwas abkühlen lassen und luftdicht aufbewahren.

Chocolate Chip Engelstorte

1 ½	T	Eiklar (ungefähr von 10 Eiern), Zimmertemperatur
1 ½	T	Puderzucker
1	T	Mehl
1 ½	Teel	Crema Tartara (Weinsteinpulver)
1	Teel	Mandelextrakt (kann man auch weglassen)
½	Teel	Vanille
¼	Teel	Salz
1	T	Zucker
150	Gr	Mini- Chocolate Chips (oder ganz fein gehackte Schokolade)
½	T	Kokosflocken

Glasur:

1 ½	T	Sahne
2	Essl	Puderzucker
½	T	Kokosflocken

Das Eiklar in eine große Schüssel geben und etwas stehen lassen. In einer anderen Schüssel den Puderzucker und das Mehl zweimal sieben. Crema Tartara, Mandelextrakt, Vanille und Salz bei dem Eiklar hinzufügen und auf mittlere Geschwindigkeit schlagen bis es weiche Spitzen formt. Nach und nach Esslöffelweise den Zucker hinzufügen und den Eischnee schlagen, bis der Zucker vollständig aufgelöst ist und er glänzt.
Zunächst wird die Mehlmischung vorsichtig untergehoben und danach die Schokolade und die Kokosflocken. Den Teig in eine ungefettete Kranzform (runde, hohe Backform, mit einem Loch in der Mitte) füllen und auf das niedrigste Gitter bei mittlerer bis niedriger Hitze 50-55 Minuten backen. Sofort den Kuchen über Kopf auskühlen lassen.
Glasur: In eine Schüssel die Sahne etwas schlagen, Puderzucker hinzufügen und steif schlafen. Den Kuchen damit streichen und mit Kokosflocken bestreuen.

Chocolate Chip Kekse mit Haferflocken

2	T	weiche Butter
2	T	Zucker
2	T	brauner Zucker
4		Eier
1	Teel	Salz
2	Teel	Backpulver
2	Teel	Backsoda
		Vanille
4	T	Mehl
5	T	Haferflocken (im Mixer zu Mehl schlagen)
1-2	T	Chocolate Chips (oder eine Tafel Schokolade fein geschnitten)
1	T	Nüsse, fein gehackt

Butter, Zucker und brauner Zucker verquirlen. Eier dazugeben. Salz, Backpulver, Backsoda und Vanille dazurühren. Mehl, Haferflocken, Schokolade und Nüsse dazugeben. Den Teig löffelweise auf ein leicht gefettetes Blech geben und auf mittlerer Hitze backen.

Chocolate Chip-Kekse

2 ¼	T	Mehl
1	Teel	Backsoda
½	Teel	Salz
1	T	Butter, weich
1	T	brauner Zucker
½	T	weißer Zucker
2		Eier
¼	Teel	Vanille
1	T	Chocolate Chips (Schokoladenstückchen)

Den Ofen auf mittlerer Hitze vorheizen.

In einer Schüssel Mehl, Backsoda und Salz verrühren.

In einer anderen Schüssel die Butter mit den beiden Zuckerarten verquirlen. Eier und Vanille dazu quirlen.

Erst eine Hälfte der Mehlmischung hinein rühren, dann die andere Hälfte.

Anschließend werden die Schokoladenstückchen dazu gerührt.

Mit einem Löffel Teighäufchen im Abstand von ca. 8cm auf das Blech legen und 8-10 Minuten gebacken.

Dixie Pai

Teig:

¼	T	Butter
¼	T	Pflanzenfett
1 ¼	T	Mehl
1	Essl	Zucker
¼	Teel	Salz
1		Eigelb
2	Essl	Eiswasser
½	Teel	Essig

Aus den Zutaten einen Teig formen und zwei Bleche mit Teig auslegen und mit Alufolie abdecken. Auf mittlerer bis starker Hitze für 10 Minuten backen. Auf einem Kuchengitter abkühlen lassen.

Belag für 2 Kuchen:

1 ½	T	Korinthen
1	T	weiche Butter
1	T	Zucker
1	T	brauner Zucker
6		Eier
½	Teel	Vanille
2-4	Teel	Zimt
1	T	Nüsse, gehackt
1	T	Kokosflocken

Schlagsahne als Belag
zusätzliche Nüsse, wenn man will

Korinthen in einen Topf geben, mit Wasser bedecken und zum Kochen bringen. Vom Herd nehmen.

In einer Schüssel Butter und Zucker schaumig schlagen.
 Eier, Vanille und Zimt dazu rühren. Die Korinthen absieben und mit den Nüssen und Kokosflocken zur ersten Mischung hinzufügen.

Die Mischung auf beide vorbereitete Teige verteilen.

Auf mittlerer Hitze 30-35 Minuten backen.

Auf einem Kuchengitter abkühlen lassen und mit Schlagsahne und weiteren Nüsse verziert servieren.

Dreifarbige Kekse

1	T	Butter
1 ½	T	Zucker
1		Ei
		Vanille
2 ½	T	Mehl
1 ½	Teel	Backpulver
½	Teel	Salz
½	Teel	Bittermandelextrakt
6		Tropfen rote Speisefarbe
½	T	gehackte Walnüsse
2	Essl	Kakao
1	Teel	heißes Wasser

Eine Brotform mit einer Plastiktüte bzw. -folie auslegen.

In einer Rührschüssel Butter und Zucker verquirlen. Ei und Vanille dazugeben. Mehl, Backpulver und Salz miteinander verrühren und dann den Teig hinzufügen. Den Teig in drei Teile teilen.

Die Bittermandeltropfen und Speisefarbe mit dem ersten Teig vermischen und platt in der Brotform verteilen. In den zweiten Teig knetet man die Nüsse und drückt diesen Teig auf den ersten Teig in die Brotform. Kakao und heißes Wasser verrühren, mit dem letzten Teig mischen und auf der zweiten Teigschicht verteilen. Die Form in die Gefriertruhe stellen.

Wenn er fast gefroren ist, den Teigblock aus der Form nehmen und zunächst der Länge nach, dann in Scheiben schneiden und auf einem gefetteten Backblech auf mittlerer Hitze 11 -13 Minuten backen.

Ergibt ungefähr 80-90 Kekse.

Einfache Weihnachtskekse (nicht nur zu Weihnachten)

1	T	Butter
1	T	brauner Zucker
1	T	weißer Zucker
1	T	Erdnussbutter
1	T	Haferflocken
1	T	Kokosflocken
1	T	Korinthen
1	T	Schokolade, zerkleinert oder Chocolate Chips
1	T	Erdnüsse, zerkleinert
1	T	Mehl
1	Teel	Backpulver
1	Teel	Backsoda
		Vanille
		Salz

Alle Zutaten miteinander verrühren. Kleckskuchen auf ein leicht gefettetes Backblech legen und auf mittlerer Hitze ungefähr 12-15 Minuten backen.

Engelstorte

1 ½	T	Eiklar (das Weiße von ungefähr 8-10 Eier)
1 ½	Teel	Crema Tartara (Weinsteinpulver)
½	Teel	Vanille
½	Teel	Mandelextrakt
¼	Teel	Salz
1	T	Zucker
1	T	Puderzucker
1	T	Mehl

In einer großen Rührschüssel wird das Eiklar mit Crema Tartara, Vanille, Mandelextrakt und Salz steif gequirlt. Während des Quirlens gibt man löffelweise den Zucker dazu und quirlt, bis der Zucker sich aufgelöst hat. Puderzucker und Mehl sieben und vorsichtig unter den Eischnee heben. Am besten ist, wenn man jeweils nur ein Viertel der Mehlmischung auf einmal unter den Eischnee hebt.

Vorsichtig den Teig in einer hohen, runden Tortenform mit Loch in der Mitte einfüllen. Die Form darf nicht eingefettet werden.

Mit einem Messer durch den Teig ziehen, um eventuelle Luftlöcher zu durchschneiden. Auf mittlerer Hitze und auf niedrigem Rost im Ofen für ca. 35 Minuten backen.

Der Kuchen gibt wie ein Schwamm nach, wenn er gar ist. Sofort nach dem Backen die Torte über Kopf kippen, z.B. auf einer Flasche, und abkühlen lassen. Dann wird die Engelstorte mit einem Messer aus der Form gelöst. Man kann auch bunte Streusel in den Teig geben oder auch Speisefarbe. Mit Schlagsahne verziert gibt es eine schöne Geburtstagstorte.

Erdnussbutter-Schnitten mit Schokoladenguss

2	T	Puderzucker
1	T	Margarine oder Butter, Zimmertemperatur
1	T	Erdnussbutter
1	Teel	Vanille (oder weniger)
2 ¾	T	Süße Kekse, zerkleinert
1	T	Erdnüsse, zerkleinert
¼	T	Erdnussbutter (man kann auch Erdnussbutter mit Erdnuss-stückchen nehmen, dann die Erdnüsse weglassen)
2	T	Chocolate Chips (oder eine 200 Gr. Tafel in kleine Stücke gehackt)

Ein kleines Blech mit Alufolie auslegen und leicht einfetten.

Puderzucker, Margarine, 1 Tasse Erdnussbutter und Vanille in einer Schüssel miteinander gut verrühren. Die Kekskrümel und Erdnüsse dazu geben und gut vermischen. Die Mischung wird sehr fest! Dann in die Form hineindrücken.

In einem kleinen Topf (oder im Marienbad) die Schokolade und die Erdnussbutter miteinander schmelzen, ständig rühren. Diese Mischung gleichmäßig auf dem Kuchen verteilen. Im Kühlschrank rund eine Stunde fest werden lassen.

Mit der Folie den Kuchen aus der Form heben. Die Folie vom Kuchen lösen und den Kuchen in 36 Stücke schneiden. Im Kühlschrank nochmals rund 2 Stunden fest werden lassen.

Flan

1	T	Zucker
1	Dose	Kondensmilch
1	T	Milch
5		Eier
		etwas Vanille

Zucker schmelzen und in eine runde (Glas)Backform mit Erhöhung in der Mitte gießen. Schwenken, damit sich in der Form der gebrannte Zucker gleichmäßig verteilen kann.

Kondensmilch, Milch, Eier und Vanille verquirlen und in die vorbereitete Form gießen.

Wasserbad für Flan:
Eine Form, die größer als die Flanform ist gießt man zur Hälfte voll mit kochendem Wasser. Den Flan kann man mit Alufolie abdecken und stellt ihn in das Wasser. Vorsichtig wird das ganze nun in den Ofen gestellt und auf etwas weniger als mittlerer Hitze 40-60 Minuten gebacken.
Nach dem Abkühlen kann man den Flan in den Kühlschrank stellen.

Fress-Mich-Dumm-Kuchen

Teig:

250	Gr	Mehl
3	Teel	Backpulver
65	Gr	Zucker
1	Msp	Salz
		etwas Mandelextrakt oder etwas Zitronenschale
1		Ei
125	Gr	Butter

Alles zu einem glatten Teig verkneten. Ein Blech einfetten und den Teig hineindrücken.
Auf mittlerer Hitze 15 -20 Minuten backen und erkalten lassen.

Füllung:
Einen Pudding machen aus:

3	T	Milch
½	T	Zucker
3	Essl	Mehl
3	Essl	Maizena
2		Eier
		Vanille

Nach dem Erkalten schlägt man

½	T	Butter
100	Gr	Puderzucker

cremig.

Vanillepudding und Butterschaum müssen die gleiche Temperatur haben.
Den Pudding löffelweise in die Buttermasse quirlen. Auf den erkalteten Boden streichen.

Belag:

250	Gr	Mandelblättchen- oder -splitter
1/3	T	Butter, geschmolzen
1	T	Zucker

Nüsse, Butter und Zucker miteinander vermischen und in einem Blech verteilen. Bei schwacher Hitze im Ofen rösten. Dieser Krokant wird zerkleinert und auf die Butterkreme verteilt.

50	Gr	Schokolade
1	Teel	Pflanzenfett

In einer kleinen Plastiktüte die Schokolade und das Pflanzenfett geben, zubinden und in heißes Wasser stellen, bis die Schokolade geschmolzen ist. Eine kleine Ecke der Tüte abschneiden und die Schokolade über den Krokant gießen. Bis zum Servieren den Kuchen kaltstellen.

Karotten-Bananen Brot

2	T	Mehl
1	T	Zucker
1	Teel	Backpulver
½	Teel	Salz
½	Teel	Zimt
2		Eier
1	T	zerdrückte reife Bananen
1/3	T	Öl
1	T	geriebene Karotten
½	T	Nüsse, fein gehackt

In einer großen Schüssel Mehl, Zucker, Backpulver, Salz und Zimt vermischen. In einer kleinen Schüssel mit dem Schneebesen die Eier, Bananen und das Öl verrühren. Dieses in die trockenen Zutaten geben und nur ein bisschen verrühren.

Die Karotten und Nüsse dazu rühren. Den Teig in eine gefettete Brotform geben und bei mittlerer Hitze für etwa 55-65 Minuten backen.

10 Minuten abkühlen lassen und dann aus der Form lösen und vollständig abkühlen lassen.

Gewürzmuffins mit Kürbis

¾	T	Butter, weich
2 ½	T	Zucker
3		Eier
1 ½	T	gekochte Kürbisstücke, gut abtropfen lassen und leicht zerdrücken
2 1/3	T	Mehl
1	Essl	Lebkuchengewürz (oder 1 Teel. Zimt, etwas Nelken, Muskatnuss und Ingwerpulver)
1	Teel	Backpulver
1	Teel	Zimt
¾	Teel	Salz
½	Teel	Backsoda
1	T	Buttermilch, Joghurt, saure Milch oder Sahne

Glasur:

250	Gr.	Frischkäse
½	T	weiche Butter
4	T	Puderzucker
		Vanille
2	Teel	Zimt

In einer großen Schüssel Butter und Zucker leicht und cremig quirlen.
Die Eier einzeln dazu quirlen. Den Kürbis dazugeben. Mehl, Gewürz,
Backpulver und Zimt verrühren und abwechselnd mit der Buttermilch in
den Teig quirlen.

Muffinformen etwa zu ¾ mit Teig füllen und auf mittlerer Hitze 20-25 Minuten backen. Abkühlen lassen.Für die Glasur werden Frischkäse und die
Butter leicht und cremig gequirlt. Puderzucker, Vanille und Zimt dazugeben
und glatt quirlen und damit die Muffins dekorieren.

Holstein-Kekse

2	T	Zucker
2/3	T	Öl
¾	T	Kakao
		Vanille
4		Eier
2	T	Mehl
2	Teel	Backpulver
½	Teel	Salz
¾ -1	T	Puderzucker

In einer Schüssel Zucker, Öl, Kakao und Vanille verquirlen.

Eier einzeln dazugeben und nach jedem Ei gut quirlen.

Mehl, Backpulver und Salz vermischen und nach und nach in den Teig mischen.

Den Teig zudecken und 4 Stunden oder über Nacht kalt stellen.

Eine kleine Menge Teig aus dem Kühlschrank nehmen und daraus Kugeln rollen, etwa 2,5cm im Durchmesser.

Die Kugeln in Puderzucker rollen und auf das eingefettete Blech legen.

Auf mittlerer Hitze 10-12 Minuten backen.

Ingwerschneeflocken

1	T	Butter, weich
1	T	Zucker
1	T	Sirup
¼	T	Wasser
5	T	Mehl
½	Teel	Ingwer
½	Teel	Backsoda
½	Teel	Zimt
¼	Teel	Salz

Glasur:

3 ¾	T	Puderzucker
¼	T	Wasser
½	Teel	Sirup
		Vanille

In einer Rührschüssel Butter und Zucker verquirlen und dann Sirup und Wasser dazu geben.

Alle trockenen Zutaten miteinander verrühren und der oberen Massehinzu-fügen. Den Teig über Nacht im Kühlschrank ruhen lassen. Dann Sterne ausstechen und auf gefettete Backbleche auslegen.

Auf mittlerer Hitze 10-12 Minuten backen.

In einer kleinen Rührschüssel die Zutaten der Glasur miteinander verquir-len. Die Glasur in eine Plastiktüte füllen und ein kleines Loch in eine Ecke schneiden. Die Kekse nach Belieben verzieren.

136

Kaffee-Kuchen

¾	T	Butter, weich
2	T	Zucker
3	T	Mehl
4	Teel	Backpulver
1	Teel	Salz
1 ¼	T	Milch
3		Eiklar

Streusel

¾	T	Butter, weich
¾	T	Mehl
1 ½	T	brauner Zucker
1	Essl	Zimt
1 ½	T	Pekannüsse, zerkleinert (oder Walnüsse)

Mehl, Backpulver und Salz sieben. Eiklar steif schlagen und zur Seite stellen. In einer anderen Schüssel Butter und Zucker cremig schlagen.

Mehlmischung und Milch abwechselnd hinzufügen und nur solange quirlen, bis die Masse einheitlich ist. Eischnee vorsichtig unter den Teig heben.

In ein gut eingefettetes großes Blech den Teig geben und glatt streichen. In einer Schüssel die Zutaten der Streusel miteinander vermischen, und mit einer Gabel oder die Finger zerdrücken, so dass es krümelig wird.

Die Krümel gleichmäßig über den Teig streuen.

Auf mittlerer Hitze ca. 40-45 Minuten backen.

Karamell-Nuss-Schnitten

Mürbeteigboden:

¾	T	Butter, weich
¾	T	Puderzucker
		Vanille, nach Geschmack
2 ¼	T	Mehl

Karamell-Nuss-Füllung:

1	T	brauner Zucker
½	T	Honig
½	T	Butter, in Stücke geschnitten
1/3	T	Zucker
¼	T	Sahne
		Vanille, nach Geschmack
1 ½	T	Nüsse, zerkleinert (Walnüsse, Pekannüsse)
		Man kann auch Erdnüsse nehmen, dann nur geröstet und ohne die rote Schale und nicht zerkleinert.
50	Gr.	Schokolade, geschmolzen

Den Ofen auf mittlerer Hitze vorheizen.

Butter und Puderzucker cremig schlagen, Vanille dazu geben. Das Mehl langsam dazu quirlen (der Teig ähnelt Streuseln).
Ein großes Blech mit Alufolie auslegen und einfetten. Den Streuselteig gleichmäßig in das Blech drücken. 20-25 Minuten backen oder bis er gold-gelb ist.

In einem kleinen Topf alle Zutaten der Füllung außer den Nüsse und der Schokolade auf einer kleinen Flamme köcheln lassen. Ein Glas kaltes Wasser bereitstellen. Von der Masse im Topf von Zeit zu Zeit etwas ins Glas tropfen lassen. Wenn der Sirup im Glas zu einer harten Kugel wird, den Topf vom Herd nehmen.

Die Nüsse gleichmäßig auf dem gebackenen Boden verteilen und mit dem Karamell übergießen. Eine Stunde fest werden lassen. Die geschmolzene Schokolade (mit 1 Teelöffel Pflanzenfett in einer sauberen Plastiktüte im heißen Wasser schmelzen) über den Kuchen träufeln.

Die Folie aus dem Blech heben und mit einem Messer in Stücke schneiden oder brechen.

Im Kühlschrank oder Gefriertruhe in einer luftdichte Dose aufbewahren.

Karotten-Bananen Brot

2	T	Mehl
1	T	Zucker
1	Teel	Backpulver
½	Teel	Salz
½	Teel	Zimt
2		Eier
1	T	zerdrückte reife Bananen
1/3	T	Öl
1	T	geriebene Karotten
½	T	Nüsse, fein gehackt

In einer großen Schüssel Mehl, Zucker, Backpulver, Salz und Zimt verrühren. In einer kleinen Schüssel mit dem Schneebesen die Eier, Bananen und das Öl verrühren.

Dieses in die trockenen Zutaten geben und nur ein bisschen verrühren.

Die Karotten und Nüsse dazu rühren. In einem gefetteten Brotform den Teig geben und bei mittlerer Hitze für etwa 55 - 65 backen.

10 Minuten abkühlen lassen und dann aus der Form lösen und vollständig abkühlen lassen.

Kleie-Muffins

| 2 | T | Kleie |
| 2 | T | kochendes Wasser |

Zusammenrühren und abkühlen lassen. Folgendes dazugeben:

4		Eier
2	T	Zucker
1	L	Buttermilch (oder saure Sahne oder Milch)
1	T	Öl
½	Teel.	Vanille
3	Essl	Backsoda
1	Teel	Salz
4	T	Kleie
4	T	Mehl

Gut verrühren und über Nacht im Kühlschrank ruhen lassen.

Man kann auch vor dem Backen Korinthen hinzufügen. Dann in Muffin-formen füllen und auf mittlerer Hitze gar backen.

Der Teig kann bis zu 4 Wochen im Kühlschrank aufbewahrt werden.

(Diese Muffins sind reich an Ballaststoffen und daher sehr gesund für Men-schen mit Verdauungsproblemen).

Korinthen-Schnitten

1	T	Butter oder Margarine, weich
1	T	brauner Zucker
2	T	Mehl
2	T	Haferflocken
1	Teel	Backsoda
1	Teel	Backpulver
1/8	Teel	Salz

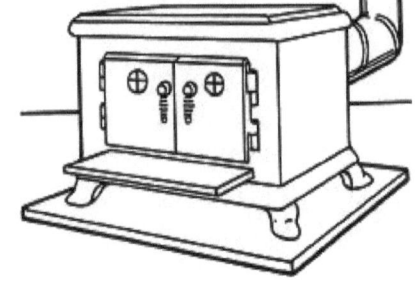

Füllung:

4		Eigelb
2	T	saure Sahne
1 ½	T	Korinthen
1	T	Zucker
1	Essl	Speisestärke

Butter und Zucker cremig schlagen. Mehl, Haferflocken, Backpulver, Backsoda und Salz hinein quirlen. Der Teig muss Streuseln ähneln.

Zwei Tassen von dem Teig für Streusel beiseite stellen. Auf einem großen gefetteten Backblech den übrigen Teig hineindrücken und auf mittlerer Hitze für 15 Minuten backen.

In einem kleinen Topf die Zutaten der Füllung hinein geben und köcheln lassen. Unter ständigem Rühren 5-8 Minuten kochen.

Die Füllung auf den gebackenen Boden verteilen und die Streusel überstreuen. Noch einmal für 15 Minuten backen.

Lazy Daisy Torte (Bienenstich)

4		Eier
2	T	Zucker
½	Teel	Vanille
2	T	Mehl
2	Teel	Backpulver
½	Teel	Salz
1	T	Milch
¼	T	Butter oder Margarine

Belag:

1 ½	T	brauner Zucker
¾	T	Butter oder Margarine
½	T	Sahne (oder auch halb Milch/halb Sahne)
2	T	Kokosflocken

Ggf. Buttercreme/Pudding o.ä. für die Füllung

Eier, Zucker und Vanille für 4 Minuten quirlen. Mehl, Backpulver und Salz hinzu rühren. Milch mit der Butter erhitzen und dann den Teig hinzufügen, gut miteinander verrühren. In eine mit Alufolie ausgelegte Form (33 x 23cm) gießen und auf mittlerer Hitze gar backen.

Währenddessen die Zutaten für den Belag in einem kleinen Topf erhitzen und verquirlen. Diese Mischung wird auf den gebackenen Kuchen gestrichen und nochmals für ca. 5-7 Minuten gebacken.

Wenn man diesen Kuchen als Bienenstich machen will, gibt man Mandelsplitter- oder -blättchen in den Belag. Wenn der Kuchen gebacken und abgekühlt ist, kann man die Folie vorsichtig abziehen und den Kuchen horizontal durchschneiden. Die untere Hälfte zurück in das Blech geben und mit Pudding, Butterkreme oder ein Pudding/ Schlagsahnemischung füllen. Dann mit der oberen Hälfte wieder abdecken.

Leche condensada (Kondensmilch) - selbst gemacht

1	T	Milchpulver
2/3	T	Zucker
1/3	T	kochendes Wasser
3	Essl	geschmolzene Margarine

Alles zusammen im Mixer verquirlen.

Dieses kann statt Kondensmilch überall verwendet werden.

Marmorkuchen

2	T	Zucker
4		Eigelb
2	T	Sahne
1	Teel	Vanille
1		geriebene Zitronenschale
3	T	Mehl
3	Teel	Backpulver
4		Eiklar
3	Essl	Kakao
3	Essl	heißes Wasser
1	Essl	Zucker

Zucker und Eigelb gut verrühren, Sahne dazu und Vanille mit der Zitronenschale unterrühren, danach das Mehl mit dem Backpulver. Eiklar zu Schnee
schlagen und langsam unterheben.
Die Teigmasse in zwei Hälften teilen. Den Kakao mit dem heißen Wasser
und dem Esslöffel Zucker gut verrühren und in die eine Hälfte des Teiges
rühren. Kranzform einfetten und den Teig einfüllen. Mit einer Gabel beide
Teige etwas miteinander vermischen und 40-50 Minuten backen.

Glasur

1 ½	T	Zucker
9	Essl	Sahne
3	Essl	Butter
1	Essl	Kakao
		Salz

Glasurzutaten kochen. Zum Testen, ob die Glasur fertig ist, einige Tropfen
in kaltes Wasser tropfen lassen: wenn sie einen Ball formen, dann ist sie
gut. Masse vom Herd nehmen und nach kurzem, kräftigen Schlagen kann
die Glasur auf den Kuchen gestrichen werden.

Mitternachts-Pfefferminz-Schnitten

½	T	Butter
1/3	T	Kakao
¼	T	Zucker
1		Ei, geschlagen
1 ¾	T	Kuchenkrümel
¾	T	Kokosflocken
½	T	gehackte Walnüsse

Füllung:

1/3	T	Butter, weich
2	T	Puderzucker
3	Essl	Milch
2-3	Tr	Pfefferminzöl
2-3	Tr	Grüne Lebensmittelfarbe

Guss:

120	Gr	Schokolade
2	Essl	Butter

Vom Herd nehmen und eine kleine Menge mit dem Ei vermischen, dann das Ei zurück in den Topf und köcheln lassen, oft rühren, ca. 3 Minuten.

In einer anderen Schüssel werden die Kuchenkrümel, Kokosflocken und Nüsse verrührt, dann den Teig dazugeben und gut vermischen.

Ein kleines Backblech mit Butter einfetten und den Teig gleichmäßig hineindrücken.

Die Zutaten der Füllung der Reihe nach verquirlen und auf dem Kuchenboden gleichmäßig verteilen.

Die Schokolade mit der Butter schmelzen und auf dem Teig beliebig überträufeln.

Eine Stunde im Kühlschrank kühlen, danach in Stücke schneiden.

Dieser Kuchen muss im Kühlschrank aufbewahrt werden.

Müsli

1	T	Wasser
1	T	brauner Zucker
½	T	Honig
1/3	T	Öl
¼	T	Melasse (Sirup)
3	Essl	gemahlener Zimt
8	T	Haferflocken
1	T	gehackte Walnüsse
1	T	gehackte Pekannüsse
1	T	gehobelte Mandeln
1	T	ungesüßte Kokosraspel
1	T	geschälte Sonnenblumenkerne
¼	T	Sesam
¼	T	Weizenkeime
3	T	Korinthen

Wasser, braunen Zucker, Honig, Öl, Melasse und Zimt in einem Topf vermischen und auf mittlerer Hitze zum Köcheln bringen.

Die übrigen Zutaten - außer die Korinthen - in eine großen Schüssel geben und den heißen Sirup unter Rühren dazu geben, dann die Masse gut durchrühren.

Die Masse auf 2-3 Backblechen verteilen und bei schwacher Hitze 2-3 Stunden rösten. Dabei alle 20 Minuten etwas umrühren.

Abkühlen lassen und dann die Korinthen hinzufügen.

In einem luftdichten Gefäß aufbewahren.

Müsliriegel

2	T	Müsli
1/3	T	geröstete, etwas zerkleinerte Erdnüsse
¼	T	Korinthen
¼	T	Weizenkeimlinge (Germen de Trigo)
2	Essl	Leinsamen
¼	T	Sesam
2	Essl	Kokosflocken
½	T	Honig
½	T	Erdnussbutter

In einer großen Schüssel die ersten sieben Zutaten miteinander verrühren.

In einem kleinen Topf den Honig zum Kochen bringen und 30 Minuten kochen lassen. Rasch die Erdnussbutter hineinrühren. Diese Mischung auf die anderen Zutaten gießen und gut verrühren und dann in ein gefettetes Blech hineindrücken.

Wenn es abgekühlt ist, kann man es in Riegel schneiden und luftdicht bis zu 2 Wochen aufbewahren.

Russische Teekekse

1	T	Butter, weiche
½	T	Puderzucker
		etwas Vanille
2 ¼	T	Mehl
¼	Teel	Salz
¾	T	fein gehackte Walnüsse

Butter, Puderzucker und Vanille cremig quirlen. Mehl, Salz und Nüsse in den Teig arbeiten. Den Teig in 2 cm große Kugeln rollen.

Auf einem ungefetteten Blech 10-12 Minuten auf mittlerer Hitze backen.

Die heißen Kekse in Puderzucker rollen, abkühlen lassen und noch einmal in Puderzucker rollen.

Schildkröten-Brownies

1	T	Kakao
4	Essl	Öl
½	T	Butter
1	T	brauner Zucker
		Vanille
2		große Eier
¾	T	Mehl
¼	Teel	Backpulver
½	Teel	Salz

Karamell-Nuss-Guss:

3/4	T	Zucker
1	Prise	Salz
1/3	T	Sirup
3	Essl	Wasser
1/3	T	Sahne
		Vanille
1 ½	T	Erdnüsse, geschält und geröstet

Kakao, Öl und Butter in einem Topf auf niedriger Hitze schmelzen lassen. Zunächst den braunen Zucker und die Vanille, dann die Eier dazu geben und glatt rühren. Mehl, Backpulver und Salz sieben und vorsichtig in den Teig hinein rühren. Auf einem kleinen Backblech verteilen und bei mittlerer Hitze 25-30 Minuten backen. Abkühlen lassen.

Guss: In einem kleinen Topf mit dicken Boden Zucker, Salz, Sirup und Wasser zum Kochen bringen bis es karamell-(gold)farbig ist. Vom Herd nehmen und die Sahne mit der Vanille hinein rühren und über dem gebackenen Teig verteilen. Zugedeckt 2 Stunden fest werden lassen.

Schokoladenfinger

2/3	T	Butter
1	T	Kakao
4	Essl	Öl
4		Eier
1	Teel	Salz
2	T	Zucker
1 ½	T	Mehl
1	Teel	Backpulver
1	T	Walnüsse (keine Erdnüsse – diese funktionieren mit diesem Teig nicht.

Glasur:

½	T	Butter
1/3	T	Sahne
		Vanille
4	T	Puderzucker
50	Gr	Schokolade
1	Essl	Butter

Butter, Kakao und Öl in einem kleinen Topf einmal erhitzen und abkühlen lassen. Eier und Salz quirlen, Zucker dazugeben.

Die Schokoladenmasse unterrühren. Die trockene Zutaten zusammenrühren und zum Teig geben. Nur so lange rühren, bis der Teig glatt ist, dann die Nüsse hinzufügen.

Auf ein großes Backblech geben und auf mittlerer Hitze backen. Abkühlen lassen.

Glasur: die Butter 7 Minuten auf kleiner Flamme bräunen, die Sahne dazugeben und den Puderzucker unterquirlen. Den gebackenen Kuchen damit bestreichen.

Schokolade und Butter in einer kleinen Tüte im heißen Wasser schmelzen und in Streifen beträufeln.

Den Kuchen in 6cm x 3cm dicke „Finger" schneiden.

Schokoladen-Engelstorte

1 ½	T	Puderzucker
1	T	Mehl
¼	T	Kakao

Diese Zutaten dreimal sieben und zur Seite stellen.

1 ½	T	Eiklar (ca. 10 Eier)
1 ½	Teel	Crema de Tartara
½	Teel	Salz

Diese Zutaten in einer großen Schüssel steif schlagen, dabei 1 Tasse Zucker ein rieseln lassen.

Vorsichtig die Mehlmasse unter den Eischnee heben (nicht quirlen). In einer nicht eingefetteten runden Kuchenform mit Loch in der Mitte (Kranz-form/Gugelhopfform) bei mittlerer Hitze auf dem untersten Rost ca. 50 Minuten backen. Sofort die Form "über Kopf" auskühlen lassen, danach die Torte erst aus der Form nehmen.

Glasur:

1 ½	T	Sahne
½	T	Zucker
¼	T	Kakao
¼	Teel	Salz
1	Msp	Vanille

Alle Zutaten der Glasur mischen und eine Stunde im Kühlschrank stellen. Mit dem Quirl zu Schlagsahne schlagen und die Torte damit bestreichen. Mit Schokoladenraspeln kann man es auch verzieren.

Schokoladen-Haferflockenschnitten

1	T	Butter oder Margarine, weich
2	T	brauner Zucker
2		Eier
2 ½	T	Mehl
		Vanille
1	Teel	Backsoda
1	Teel	Salz
3	T	Haferflocken

Butter und Zucker cremig schlagen. Eier und Vanille dazuquirlen. Mehl. Backsoda und Salz einmal sieben und Haferflocken dazurühren, dann alles miteinander vermischen.

Füllung:

1	Dose	Kondensmilch
1	Tafel	Schokolade (200 Gr)
2	Essl	Butter oder Margarine
½	Teel	Salz
		Vanille
1	T	gehackte Nüsse (Walnüsse)

Kondensmilch, Schokolade, Butter und Salz schmelzen. Vanille und Nüsse unterrühren. Auf ein großes gefetteten Backblech 2/3 des Teiges hineindrücken. Die Schokoladenfüllung überstreichen und den übrigen Teig wie Streusel übertreuen.

Für 25-30 Minuten backen.

Schokoladen-Pfefferminz Sterne

2/3	T	Butter oder Margarine, weich
½	T	weißer Zucker
½	T	brauner Zucker
¼	T	Milch
1		Ei
2	T	Mehl
¾	T	Kakao
1	Teel	Backpulver
½	Teel	Backsoda
¼	Teel	Salz

Füllung:

2 ¾	T	Puderzucker
1/8	T	Milch
1/8	T	Sahne
¼	Teel	Salz

Ein paar Tropfen Pfefferminz-Öl
Ein paar Tropfen grüne Speisefarbe

In einer Rührschüssel die Butter mit dem weißen und braunen Zucker cremig schlagen. Die Milch und das Ei hinzufügen und glatt schlagen. Die trockenen Zutaten sieben und langsam dazugeben und schlagen. Der Teig muss nun mindesten für 2 Stunden im Kühlschrank ruhen.

Den Teig auf einer bemehlten Fläche 1/2 cm dick ausrollen und mit einer Sternform Plätzchen ausstechen. Diese auf mittlerer Hitze 5 -6 Minuten backen. Auskühlen lassen.
Die Zutaten der Füllung miteinander verquirlen, auf die Hälfte der Plätzchen streichen und diese jeweils mit einem zweiten Plätzchen zudecken.

Ergibt ungefähr 80-90 Kekse.

Schokoladentorte mit Kokosflocken und Nussfüllung

1	T	Kakao
4	Essl	Öl
½	T	Wasser
1	T	Butter, weiche
2	T	Zucker
4		Eier, geteilt
		Vanille
1	Teel	Backsoda
½	Teel	Salz
1	T	saure Sahne oder Milch mit 1 Esslöffel Essig

Glasur und Füllung:

1	T	Zucker
1	T	Sahne
½	T	Butter
3		Eigelb
1 1/3	T	Kokosflocken
1	T	zerkleinert Nüsse
		Vanille

Guss:

½	Teel	Pflanzenfett
50	Gr	Schokolade

Drei runde Backbleche mit Alufolie auslegen, dann einfetten.

In einer kleinen Schüssel Kakao, Öl und Wasser verrühren.

In einer großen Schüssel Butter und Zucker cremig quirlen. Die 4 Eigelbe nach und nach unterquirlen. Die Kakaomischung und Vanille dazurühren.

Mehl, Backsoda und Salz in einer Schüssel vermischen und abwechselnd mit der sauren Sahne in den Teig verquirlen.

In einer kleinen Schüssel mit sauberen Quirlstäben die Eiweiße steif schlagen. Man gibt erst ¼ des Eischnees den Teig zu und hebt es vorsichtig unter. Dann gibt man den Rest dazu und hebt es ebenfalls vorsichtig unter. Den Teig in die drei Formen verteilen und auf mittlerer Hitze etwa 30. Minuten backen. Abkühlen lassen.

Für die Glasur/Füllung gibt man folgendes in einen kleinen Topf: Zucker, Sahne, Butter und Eigelbe. Auf mittlerer Hitze die Mischung erhitzen und ständig rühren bis es angedickt und goldbraun ist.
Vom Herd nehmen und Kokosflocken, Nüsse und Vanille hinzu rühren. Abkühlen lassen bis die Mischung streichfähig ist. Ein Drittel der Mischung auf den unteren Tortenboden streichen.

Dann den zweiten Boden obendrauf legen und wieder bestreichen, dann die oberste Schicht auch so machen.

Die Seiten dieser Torte bleiben frei.

Pflanzenfett und Schokolade schmelzen und den Rand der Torte damit beträufeln.

Sigrids Karottenkuchen

2	T	Zucker
1	T	Öl
4		Eier
2	T	Mehl
½	Teel	Salz
1	Teel	Backsoda
1	Teel	Backpulver
1	Teel	Zimt oder Lebkuchengewürz
2	T	geriebene Karotten

Glasur:

½	T	Butter, weich
200	Gr	Frischkäse
2 ½	T	Puderzucker
½	Teel	Vanille
1	T	Nüsse (Pekan), gehackt

Zucker, Öl und Eier in einer Schüssel zusammenrühren. In einer anderen Schüssel die trockenen Zutaten sieben. Diese dann in die Eiermischung hineinquirlen, dann die geriebenen Karotten dazu geben. Auf einem gefetteten und bemehlten Blech auf mittlerer Hitze 25-35 Minuten backen.

Glasur: Butter und Frischkäse vermengen, Puderzucker und Vanille dazu schlagen, zuletzt die Nüsse hinein rühren. Man kann auch die Nüsse hinterher auf den bestrichenen Kuchen streuen. Den abgekühlten Kuchen mit der Glasur streichen. Reste im Kühlschrank aufbewahren.

Süße Erdnüsse

1 ½	T	Zucker
¾	T	Wasser
1	Essl	Ahornsirup (oder etwas Vanille oder Zimt)
4 ½	T	Erdnüsse, roh aber mit „roter" Haut dran.

In einen großen Topf alle Zutaten hinein geben und gut durchrühren.

Auf mittlerer Hitze etwa 20 Minuten köcheln lassen und von Zeit zu Zeit umrühren.

Wenn die Flüssigkeit fast verkocht ist, schüttet man die Erdnüsse auf ein großes, gefettetes Blech.

Auf mittlerer Hitze 24-26 Minuten backen und einige Male die Erdnüsse umrühren.

Wenn sie noch nicht ganz durch geröstet sind, den Ofen abschalten und die Erdnüsse für etwa 30 Minuten drin lassen.

Dann in kleine Stücke brechen und luftdicht aufbewahren.

Trichter Kuchen (Donuts)

(ähnlich wie Donuts)

2		Eier, leicht geschlagen
1 ½	T	Milch
¼	T	Brauner Zucker
2	T	Mehl
1 ½	Teel	Backpulver
¼	Teel	Salz
		Öl, zum Ausbraten
		Puderzucker, zum Bestreuen

In einer großen Schüssel werden Eier, Milch und brauner Zucker miteinander verquirlt. Mehl, Backpulver und Salz werden einmal zusammen gesiebt und dann in den Teig hinein gequirlt.

In einer Pfanne erhitzt man das Öl. Man nimmt einen Trichter, hält mit einem Finger die untere Öffnung zu und gibt ungefähr ½ Tasse Teig hinein. Über der Pfanne halten den Finger wegnehmen und langsam und mit kreisenden Bewegungen den Teig in dem heißen Öl gießen.

Zwei Minuten auf jeder Seite ausbraten. Auf Küchenpapier austropfen lassen. Mit Puderzucker bestreuen. Sofort servieren.

Waffeln

2	T	Butter
2	T	Zucker
5		Eier
2	T	Speisestärke
1	Teel	Backpulver
½	Teel	Backsoda
		Vanille
		Salz
5	T	Mehl (wenn man den

Teig nicht über Nacht
in den Kühlschrank stellen, sondern gleich backen möchte,
nimmt man einfach 7 Tassen Mehl).

Einen Teig machen und portionsweise im heißen Waffeleisen ausbacken.

Glasur

1 ½	T	Zucker
9	Essl	Sahne
3	Essl	Butter
1	Essl	Kakao
		Salz

Alle Zutaten zusammen rühren und zum Kochen bringen. Um die gewünschte Temperatur zu prüfen, kann man als Test einen Tropfen der kochenden Masse in ein Glas kaltes Wasser geben. Wenn sich die Masse zu einem Ball formt, dann kann man den Topf von der Flamme nehmen und die Masse gut schlagen bis die Glasur etwas dicklich wird.

Die Waffelplätzchen mit der Schokoladenglasur bestreichen.

Zauberhafte Schnitten

1/3	T	weiche Butter
2	T	brauner Zucker
3		Eier
½	Teel	Vanille
½	Teel	Mandelextrakt (nach Belieben)
2	T	Mehl
½	Teel	Salz
50	Gr	Zartbitter Schokolade, geschmolzen (oder man nimmt 4 Essl Kakao und 1 Essl Öl)

Glasur:

½	T	weiche Butter
3	T	Puderzucker
3-4	Essl	Milch
¼	Teel	Vanille

Guss:

½	T	Zartbitter Schokolade Stückchen
2	Teel	Pflanzenfett

In einer großen Schüssel Butter und braunen Zucker miteinander verquirlen. Eier nach und nach dazugeben.
Mandelextrakt und Vanille, Mehl und Salz dazu mischen und die Nüsse unterrühren.

Den Teig in 2 Teile teilen und in einer Portion die Schokolade dazu rühren.

Abwechselnd die Teige auf ein großes, gefettetes Backblech geben und mit einem Messer marmorieren.

Auf mittlerer Hitze 16-20 Minuten backen. Vollständig kühlen lassen.

Für die Glasur: In einer großen Schüssel Puderzucker und Butter cremig schlagen. Milch und Vanille hineingeben und schaumig rühren. Den Kuchen damit bestreichen.

Für den Guss: In einem kleinen Topf übers Wasserbad, die Schokolade und Das Pflanzenfett schmelzen und glatt rühren. In feinen Linien über den Kuchen rieseln lassen.

Zimtkekse oder Snickerdoodles

½	T	weiche Butter
½	T	Pflanzenfett
1 ½	T	Zucker
2		Eier
		Vanille
2 ¾	T	Mehl
2	Teel	Sahnesteif (Crema Tartara, Weinsteinpulver)
1	Teel	Backsoda
¼	Teel	Salz
2	Essl	Zucker
2	Teel	Zimt

Butter und Pflanzenfett, Zucker, Eier und Vanille verquirlen. Die übrigen Zutaten dazugeben und weiter quirlen. Aus einen Esslöffel Teig jeweils Kugeln rollen.

Zimt und Zucker in einer kleinen Schüssel vermischen und die Kugeln darin rollen, dann auf ein ungefettetes Backblech legen und auf mittlerer Hitze ungefähr 8 -10 Minuten backen.

Zitronenkuchen nach Ur-Omas Rezept

5		Eier, getrennt (Zimmertemperatur)
1	T	Butter, weiche
3	T	Zucker
1	Essl	fein geriebene Zitronenschale
3	Essl	Zitronensaft
4	T	Mehl
½	Teel	Backpulver
1	T	Milch
Puderzucker		

In einer großen Schüssel Butter und Zucker verquirlen. In einer kleinen Schüssel die Eigelbe schlagen, bis sie dicklich sind. Butter und Zucker Mischung hinzufügen und gut schlagen. Zitronenschale und Saft unterrühren.

Mehl und Backpulver abwechselnd mit Milch hinzufügen.

In einer zweiten Schüssel das Eiweiß auf hoher Geschwindigkeit steif schlagen, dann unter den Teig heben.

Den Teig in zwei gut gefettete Kasten (Brot) Formen gießen und bei mittlerer Hitze 65-70 Minuten backen.

Für 10 Minuten abkühlen lassen und dann auf einem Kuchengitter vollständig abkühlen lassen.

Mit Puderzucker bestäuben.

Zuckerkekse

1	T	Butter, weich
1	T	Öl
1	T	Zucker
1	T	Puderzucker
		Vanille
2		Eier
4	T	Mehl
1	Teel	Sahnesteif (Crema Tartara, Weinsteinpulver)
1	Teel	Backsoda
1	Teel	Salz

Butter, Öl, Zucker und Puderzucker cremig schlagen. Vanille und Eier dazu rühren, dann die trockenen Zutaten mischen und dazu mischen.

Löffelweise den Teig auf ein leicht eingefettetes Blech geben, wie Kleckskuchen. Dann den Boden eines Glases in eine Schüssel voll Zucker eintauchen und damit die Teigkleckse damit etwas platt drücken.

Auf mittlerer Hitze ungefähr 12 Minuten oder bis goldgelb backen.

Ergibt ca. 100 Kekse.

Zweifarbige Kekse

Schokoladenteig:

1	T	Butter, weiche
1 ½	T	Zucker
2		Eier
½	Teel	Vanille
2	T	Mehl
2/3	T	Kakao
¾	Teel	Backpulver
½	Teel	Salz
1	T	Pekannüsse, grob gehackt (oder Walnüsse)
150	Gr	weiße Backschokolade, grob gehackt

Weißer Teig:

1	T	weiche Butter
1 ½	T	Zucker
2		Eier
½	Teel	Vanille
2 ¾	T	Mehl
2	Teel	Sahnesteif (Crema Tartara, Weinsteinpulver)
1	Teel	Backpulver
½	Teel	Salz
1	T	Pekannüsse, grob gehackt (oder Walnüsse)
100	Gr	Schokolade, grob gehackt

Für den Schokoladenteig schlägt man in einer großen Schüssel Butter und Zucker cremig. Die Eier und Vanille dazuschlagen. Mehl, Kakao, Backpulver und Salz vermischen und bei dem Teig dazu quirlen. Nüsse und weiße Schokolade dazu rühren.

Für den weißen Teig schlägt man in einer anderen Schüssel die Butter und den Zucker schaumig und fügt die Eier und Vanille dazu. Mehl, Crema Tartara, Backpulver und Salz vermischen und bei den Teig hinzufügen und gut mischen. Nüsse und Schokolade dazurühren. Beide Teige zugedeckt im Kühlschrank für 2 Stunden ruhen lassen.

Beide Teige auf die Hälfte teilen, in 30 cm lange Rollen rollen, und in Klarsichtfolie wickeln. Im Kühlschrank etwa 3 Stunden fest werden lassen. Die Folie abziehen und jede Rollen die Länge nach auf der Hälfte schneiden und die Teige nun immer je ein braunes und ein weißes zusammenfügen. Die Rolle festpressen und wieder in Folie wickeln und für noch 1 Stunde fest werden lassen. Die Rollen werden nun in 1cm dicke Scheiben geschnitten und die Kekse auf ein gefettetes Blech auslegen. Auf mittlerer Hitze 8-10 Minuten backen.

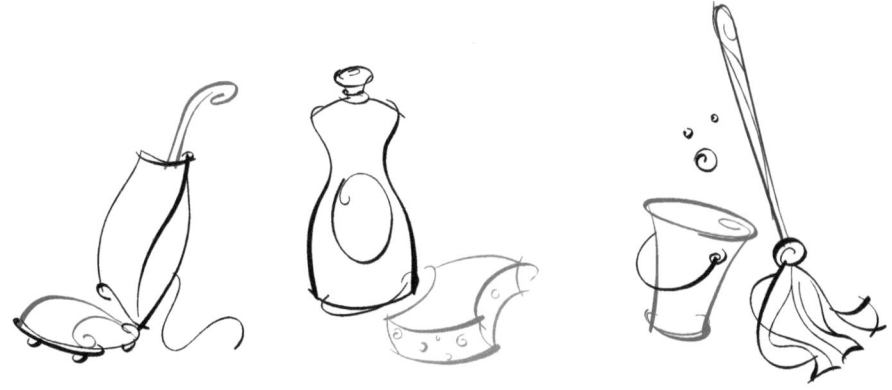

Haushalts-
Tipps

- Gute Tipps rund um das Kochen

- Reinigungstipps

Gute Tipps rund um das Kochen

Schrumpfen vorbeugen: Bratwurst erst 10 Minuten in heißem Wasser ziehen lassen, es darf aber nicht kochen. Sehr gut abtrocknen, danach schön braun braten.

Fettspritzer beim Braten vermeiden: Ursache ist das im Fett erhaltene Wasser. Einfach etwas Salz in die Pfanne geben, das Fleisch und / oder das Gemüse vor dem Braten sorgfältig trocken tupfen.

Schmorbraten ist zäh geworden: entweder war das Fleisch nicht von allen Seiten in heißem Fett angebraten, oder die zugegossene Schmorflüssigkeit war nicht heiß genug, vielleicht auch beides. Hier hilft nur eins: den Braten in dünne Scheiben schneiden und langsam in der Soße ziehen lassen.

Honig ist kristallisiert: im warmen Wasserbad erwärmen, aber nicht wärmer als 35 Grad. Sonst werden alle wertvolle Inhaltsstoffe, wie Vitamine usw, zerstört.

Brot ist ausgetrocknet: in ein feuchtes Geschirrtuch wickeln und über Nacht im Kühlschrank aufbewahren. Am nächsten Tag einige Minuten im vorgeheizten Backofen aufbacken.

Wenn zum Beispiel **Oliven oder Schinkenwürfel zu salzig** sind, mit kalten Wasser aufsetzen, langsam zum Kochen bringen, durchsieben und abkühlen lassen.

Ei ist geplatzt: schnell einen Schuss Essig ins Kochwasser geben, die Säure bindet das auslaufende Eiweiß. Eier, die erst auf Zimmertemperatur gebracht sind, platzen weniger schnell, man kann auch das Ei erst anpieksen.

Was gehört wohin? Die meisten Früchte bleiben länger frisch, wenn sie im Obst- und Gemüsefach des Kühlschranks lagern. Ausnahmen sind Südfrüchte, für die es im Kühlschrank zu kalt ist, sowie Kartoffeln und Tomaten. Wurzel- und Kohlgemüse sollten kühl und feucht gelagert werden, wobei Kondenswasserbildung zu vermeiden ist. Milch, Milchprodukte, Butter, Margarine, Fleisch, Wurst und Fisch müssen in den Kühlschrank. Konserven und Trockenprodukte können im Vorratsschrank oder in der Speisekammer aufbewahrt werden, wenn es dort dunkel und trocken ist und möglichst Temperaturen unter 20 Grad C herrschen.

Angebranntes in Töpfen kann gut entfernt werden, indem man Backsoda in den Topf streut, etwas Wasser darauf gibt und das Ganze aufkocht. Bei stark eingebrannten Töpfen kann man das mehrmals wiederholen, bis man "auf Grund" kommt.

In **Wasserkesseln** sollte ab und zu Essig mit etwas Salz erwärmt werden, da durch das Ansetzen von Kesselstein verhindert wird. Anschließend ist der Kessel gut mit Wasser auszuspülen.
Lebensmittelreste lassen sich vom Topfboden lösen, wenn man den noch heißen Topf umdreht und von außen über den Boden kaltes Wasser laufen lässt.

Kesselstein kann man entfernen, wenn man den Kessel mit Wasser füllt und dann einen halben Tag lang einfriert. Die Kälte löst dann den Kalk vom Metall.

Angebrannte Speisereste löst man, indem man Seifenpulver (oder Backpulver oder Natronpulver) und Wasser kurz in den Töpfen aufkocht. Benutzen Sie keine scharfen Gegenstände zur Reinigung angebrannter Töpfe. Füllen Sie den Topf mit etwas Wasser und geben Sie etwas Salz hinzu. Der angebrannte Belag lässt sich dann ohne Mühe entfernen.

Ist der **Topfboden verrostet**, sollte man diesen mit Petroleum einreiben und einige Tage stehen lassen.

Sollte Ihnen etwas **angebrannt** sein, so lassen Sie die angebrannte Fläche im Topf, füllen den Topf sofort mit Wasser und kochen alles kurz auf. Dadurch erleichtern Sie sich die anschließende Reinigung

Reinigungstipps

Abflußverstopfung und -geruch beseitigen:
Man löst 3 Esslöffel Backsoda im heißen Wasser auf, gießt es in den Abfluss, dann 1/2 Tasse Essig ebenfalls hinterher gießen und dem Abfluss mit dem Stöpsel verschließen. Einwirken lassen und danach mit heißem Wasser nachspülen.

Dunstabzüge und Ventilatoren reinigen:
Den klebrigen Schmutz mit einem in Alkohol getränkten Kuchenpapier abreiben.

Marmor reinigen:
Marmor wird glänzend sauber, wenn man es mit angefeuchtetem grobem Salz abreibt.

Fliesen und Kacheln reinigen:
Starke Verschmutzungen mit Soda entfernen: Soda auf einen feuchten Schwamm geben, die Fliesen damit abwaschen und mit viel Wasser nach waschen.
Der Glanz von Fliesen und Kacheln lässt sich durch das Abreiben mit Alkohol erhalten, anschließend mit einem trocknen Tuch nachpolieren.

Fenster und Spiegel reinigen und pflegen:
Fliegenschmutz lässt sich einfach mit einem in Alkohol getränkten Tuch abreiben. Fliegen meiden Fenster und Spiegel, wenn man die Fläche mit einem Schuss Essigwasser abreibt.
Spiegel und Brillengläser laufen nicht mehr an, wenn man sie gelegentlich mit etwas Glyzerin einreibt und mit dem Lederlappen nachpoliert.
Staub haftet nicht so leicht auf Fensterscheiben, wenn man dem Putzwasser einige Tropfen Glyzerin zusetzt.

Glas reinigen:

Für die Glasreinigung 1 Teil Alkohol mit 4 Teilen Wasser mischen. Auch andere übliche Entfettungsmittel wie Essig oder Soda helfen.
Hartnäckiger Schmutz lässt sich mit Zitronensäure oder Essig entfernen.
Farb- und Lackspritzer lassen sich mit einer Rasierklinge entfernen.

Aufkleber und Etiketten entfernen:
Es gibt wasser-, öl- und alkohollösliche Klebstoffe, die entsprechend mit Wasser, Alkohol oder (Speise-) Öl entfernt werden können.

Brandflecke entfernen:
Angesengte (Bügel-) Wäsche mit Essigwasser oder Zitronensaft beträufeln, einige Stunden einwirken lassen und mit klarem Wasser gut auswaschen.

Flecken entfernen:
Flecken von Obst, Kaffee, Tee, Farbe oder Kugelschreiber lassen sich mit der Mischung aus Gallseife und Apfelessig behandeln.
Flecken von Gras, Alkohol oder Lippenstift lassen sich entfernen, wenn sie mit Glyzerin eingerieben und anschließend mit heißem Wasser (evtl. Essig beigeben) gründlich ausgewaschen werden.
Blutflecken aus Textilien entfernen: in kaltem Sodawasser einweichen (bei heißem Wasser gerinnt das im Blut enthaltene Eiweiß und verbindet sich fest mit dem Gewebe). Erfolgreich bei Baumwolle, Leinen, Viskose und Wolle.

Waschmaschine pflegen:
Regelmäßig 1 Esslöffel Zitronensäure oder 1 Tasse Essig in die Waschmaschine füllen und ein Waschgang damit durchlaufen, dann bilden sich weniger Seifenreste und Kalk wird weniger abgelagert.

Gefrierfach / Tiefkühltruhe reinigen:
Nach dem Abtauen von Gefrierfächern und Tiefkühltruhen sollten die trockenen Innenwände dünn mit Glyzerin eingerieben werden. Neue Eis-

schichten bilden sich dann viel langsamer und lassen sich beim nächsten Abtauen leichter entfernen.

Geschirr spülen:
Geschirr wird beim Handspülen glänzender, wenn man mit weniger Spülmittel und dafür einen Schuss Essig oder Zitronensaft spült.
Hartnäckige Flecken lassen sich mit Salz, Essig, Zitrone, Soda oder Backpulver entfernen. Danach mit heißem Wasser spülen.

Wenn Sie Ihr **Abflussrohr reinigen** und dabei gleichzeitig noch die Umwelt schonen wollen, so gießen Sie einfach noch kochendes Kartoffelwasser in den Abfluss, da hierdurch die Rohre freigehalten werden.
Ist der Abfluss fast verstopft, so dass das Wasser nur langsam ablaufen kann? Dann schütten Sie einfach ein Glas Cola in den Ausguss. Oft läuft das Wasser danach wieder ab.

Verstopfungen im Abflussrohr lösen sich auf, wenn man Soda hineinschüttet und dann mit sehr heißem Wasser nachspült. Mit dieser Methode kann auch übler Geruch, der aus dem Abfluss kommt, beseitigt werden.

Schnelle Hilfe bietet auch die sogenannte Saugglocke. Heißes Wasser in das Becken lassen, die Saugglocke auf den Abfluss setzen und sie einige Male schnell hoch und runter drücken. Wichtig ist, dass danach gut mit Wasser nachgespült wird.

Abkürzungen und Erklärungen

T	Tasse
Essl	Esslöffel
Teel	Teelöffel
Gr	Gramm
L	Liter
Msp.	Messerspitze

Temperaturen beim Backen:

Niedrige Hitze	149 - 163 Grad
Mittlere Hitze	177 - 190 Grad
Heißer Ofen	204 - 218 Grad

Flüssigkeit:

1 Tasse	1/4 Liter	250 ml
2 Tassen	1/2 Liter	500 ml
3 Tassen	3/4 Liter	750 ml
4 Tassen	1 Liter	1000 ml

Butter

1/4 Tasse	50 Gr.
1/2 Tasse	100 Gr.
3/4 Tasse	150 Gr.
1 Tasse	200 Gr.

Mehl:

1 TL	4 Gr.
1 EL	10 Gr.
1/4 Tasse	40 Gr.
1/2 Tasse	80 Gr.
1 Tasse	160 Gr.

Zucker:

1 TL	5 Gr.
1 EL	15 Gr.
1/4 Tasse	50 Gr.
1/2 Tasse	100 Gr.
1 Tasse	200 Gr.

Über die Autoren

Brenda Dueck de Sawatzky: In Kanada geboren, mit 10 Jahren nach Paraguay in die Mennonitenkolonie Fernheim gezogen. Nach der Schule als Sekretärin bis zur Heirat gearbeitet. Inzwischen Bauersfrau und Mutter dreier Töchter. Probiert gerne neue deutsche und amerikanische Rezepte aus, aber kocht auch gerne nach Paraguayicher Art, z.B. Taubenbraten und Süsskartoffel sowie Zutaten für einen richtigen Asado, den ihr Mann gerne und oft veranstaltet.

Carola Goetz de Esau: In der paraguayischen Mennonitenkolonie Fernheim im Chaco geboren und aufgewachsen, hat nach der Schule 5 Jahre als Sekretärin gearbeitet. Zur Zeit wohnhaft auf einem Bauernhof als Hausfrau und Mutter. Paraguayische Rezepte wie Milanesa, Mandioca, Eintopf und Chipa gehören zum Menüplan.

Buchhinweise

Paraguay – Erfolg ohne Industrie? Von Kerstin Teicher

Paraguay ist eines der wenigen international erfolgreichen Länder mit hohem landwirtschaftlichem Anteil. Das Land erhält Entwicklungshilfe, exportiert jedoch gleichzeitig auf Weltniveau bei fast fehlender eigener Industrie. Und dies trotz eines schlechten Bildungssystems und unvorstellbarer Korruption. Dieses Buch informiert über die wichtigsten Bereiche und Merkmale: Aktuelle gesamtwirtschaftliche Entwicklungen, Infrastruktur, Arbeitsmarkt, Bildungssystem, Landwirtschaft, Industrie, Handel, Dienstleistungen, aber auch Problembereiche wie Korruption und Umweltverschmutzung. Die Autorin beschränkt sich nicht auf das Herunterbeten von Daten, sondern setzt als langjährige Kennerin des Landes die Zahlen in Bezug zu den Tücken des Alltags. Beispiele aus der Praxis lockern die Betrachtungsweise auf und machen die abstrakten Tabellen und Graphen direkt „erlebbar". Somit schafft das Buch den Spagat zwischen hohem Niveau für Wirtschaftsexperten einerseits, und Verständlichkeit und Unterhaltung für allgemein interessierte Leser, die mehr erfahren möchten über ein erstaunliches Land.

ISBN: 978-3-7357-9400-0 (EUR 19,90) – 2014

Anekdoten aus Paraguay – von Kerstin Teicher

Lustiges, Skurriles, Verblüffendes aus Paraguay wird in anekdotenhaften Episoden erzählt. Der Alltag in dem Land ist oft absurd und zum Verzweifeln, kann aber auch erheiternd sein und dem Besucher aus dem Industrieland die wirklich wichtigen Werte des Lebens verdeutlichen. Lassen Sie sich überraschen von wahren Geschichten, die kafkaesk, amüsant oder vom Geiste des Gesetzes von Murphy durchdrungen sind. Frei nach dem Motto: wenn etwas schief gehen kann, das tut es das auch. Oder: ab und an funktioniert in dem Land auch ganz aus Versehen einmal etwas!

ISBN: 978-3735794208 (EUR 9,90) – 2015

Kochbuch Paraguay: Landestypische Rezepte und Hintergrundinformationen - von Kerstin Teicher

100 traditionelle und moderne Rezepte aus Paraguay – Deftiges, Süßes, Getränke oder Partyfood: ein Streifzug durch die Küche dieses Landes - Viele Tipps und Hintergrundinformationen zu Zutaten und Zubereitungsmethoden - Faszinierende Einblicke in die Esskultur der Paraguayer, der indigenen Einwohner Guaraní und anderer Bevölkerungsgruppen - Nützliche Hinweise zum paraguayischen Kochen in Deutschland mit Bezugsmöglichkeiten u.v.a.m. - Übersicht traditioneller Kräuter und Gewürze - Zahlreiche farbige Abbildungen Der Einfluss der Indigenen, insbesondere der Guaraní, findet sich in der Küche des Landes besonders deutlich wieder. Zur Besonderheit des Buches gehören Beiträge von Spezialisten: - Über Guaraní von Dr. Wolf Lustig mit einem erläuterten Rezeptbeispiel - Vier original paraguayisch-mennonitische Rezepte von Brenda Sawatzky und Carola Esau - Ein sprachlicher Fettnäpfchenführer lateinamerikanischer Lebensmittelbezeichnungen von Irene Reinhold Rezeptbeispiele: Käsebrötchen (Chipa), Sopa Paraguaya, Mbeju, Empanadas, Fisch-Eintopf mit Surubi, Panierte Aubergine, Bori Bori, Chipa Guazu, Kichererbseneintopf mit Mangold, Poroto con Queso, Hühnerschmortopf, Asado (Grillen auf Paraguayisch), Oster- und Weihnachtsrezepte, Partyfood, Maracuja-Mousse, gegrillte Ananas, Terere, Guavenmarmelade, aber auch Exotisches wie Rouladen mit Rosinen und Ei, Panseneintopf , Taubenbraten, geflochtenes Rindfleisch u.v.a.m. Lassen Sie sich überraschen, wie einfach Kochen sein kann! Holen Sie sich mit einfachen Zutaten Südamerika in Ihr Haus!

ISBN: 978-3735795021 (EUR 14,90) - 2014